Walther Ziegler

Arendt
en 60 minutes

traduit par
Frédéric Balmès

Merci à Rudolf Aichner pour son infatigable travail de rédaction critique, à Silke Ruthenberg pour la finesse de son graphisme, à Angela Schumitz, Lydia Pointvogl, Eva Amberger, Christiane Hüttner, Dr. Martin Engler pour leur relecture attentive, et à Eleonore Presler, docteur en philosophie, qui a effectué une dernière relecture linguistique et scientifique du texte français. Je remercie aussi monsieur le Professeur Guntram Knapp à qui je dois ma passion pour la philosophie.

Je tiens à remercier tout particulièrement mon traducteur

Frédéric Balmès

On pourrait dire que l'humanité vivante d'un homme décline dans la mesure où il renonce à la pensée […].[1]

Informations bibliographiques de la Bibliothèque nationale de France :
Cette publication est référencée dans la bibliographie nationale de la Bibliothèque nationale de France.
Les informations bibliographiques détaillées sont disponibles sur internet : www.bnf.fr
© 2022 Dr. Walther Ziegler

Première édition janvier 2019
Conception graphique du contenu et de la couverture: Silke Ruthenberg avec des illustrations de:
Raphael Bräsecke, Creactive - Atelier de publicité, bande dessinée & d'illustrations (dessins)
© JackF - Fotolia.com (cadres)
© Valerie Potapova - Fotolia.com (cadres)
© Svetlana Gryankina - Fotolia.com (bulles entourant les citations)
Édition : BoD – Books on Demand, info@bod.fr
Impression : BoD – Books on Demand, In de Tarpen 42, Norderstedt (Allemagne)
Impression à la demande
ISBN 978-2-3224-7122-5
Dépôt légal : janvier 2023

Table des matières

La grande découverte d'Arendt — 7

La pensée centrale d'Arendt — 22

   Les origines du totalitarisme — 22

   L'idéologie totalitaire comme finalité de l'histoire — 27

   L'élément central du totalitarisme : La mise au pas par la terreur — 31

   La *vita activa* et le niveau le plus élevé de l'activité humaine — 35

   Le cas Eichmann et la « banalité du mal » — 44

   Percer à jour la légende du monstre démoniaque et la remplacer de façon constructive — 61

À quoi nous sert la découverte d'Arendt aujourd'hui ? — 72

   Arendt a-t-elle raison : La « banalité du mal » menace-t-elle encore aujourd'hui notre démocratie ? — 72

   L'expérience de Milgram : À quelle vitesse abandonne-t-on ses principes moraux ? — 83

Les limites du légalisme et le devoir
de résistance   91

L'héritage d'Arendt : Ne jamais confier
à l'État seul le pouvoir de penser !   97

Index des citations   **107**

La grande découverte d'Arendt

Hannah Arendt (1906-1975) est considérée, à raison, comme la philosophe la plus importante au monde. Aucune autre penseuse, aucun autre penseur n'a vécu d'aussi près l'époque du totalitarisme et en même temps ne l'a analysée avec autant de détachement et de précision. Son propos sur la démocratie a conservé jusqu'à aujourd'hui son caractère brûlant.

L'œuvre principale d'Arendt, *Les origines du totalitarisme*, est sans aucun doute étroitement liée à sa biographie. Née allemande dans une famille juive à Königsberg, elle lit Kant dès quatorze ans. À dix-huit ans, elle part étudier la philosophie à Marburg auprès de Heidegger, dont elle tombe amoureuse et avec qui elle entame bientôt une liaison passionnée. Le professeur de philosophie, déjà marié, confessera plus tard qu'elle avait été « la grande passion de sa vie ».[2]

Voir son amant entrer de son plein gré au parti national-socialiste (NSDAP) en 1933 a dû être d'autant plus incompréhensible et douloureux pour Arendt. Elle coupe alors tout contact. À peine quelques mois plus tard, elle est arrêtée par la Gestapo à cause de ses origines juives et interrogée. Après sa libération, elle s'enfuit en France, où elle est envoyée dans un camp d'internement en 1940. Elle parvient cependant à s'enfuir et à rejoindre Lisbonne puis à émigrer aux États-Unis. Elle s'y construit une nouvelle existence comme journaliste et scientifique et obtient quelques années plus tard la nationalité américaine.

Après la fin de la guerre, elle pose la grande question : comment l'horreur du régime nazi a-t-elle pu se produire ? Elle résume ses réflexions dans son ouvrage *The Origins of Totalitarianism*, qui la rend rapidement célèbre dans tous les États-Unis. L'édition allemande *Elemente und Ursprünge totaler Herrschaft* provoquera également beaucoup d'émoi et fera d'elle la philosophe politique la plus importante de l'Allemagne d'après-guerre.

Sur plus de mille pages, elle y étudie les éléments communs au national-socialisme et au stalinisme et les raisons communes qui ont pu les rendre possibles. Mais *Les origines du totalitarisme* est bien plus qu'un simple ouvrage de référence en théorie politique. Arendt y formule son concept philosophique fondamental, qui encore aujourd'hui nous interpelle et que chaque démocrate se doit de connaître. Elle définit la « société de masse », la « désolation » et met en garde face au « règne de Personne » :

> Ce qui, dans le monde non totalitaire, prépare les hommes à la domination totalitaire, c'est le fait que la désolation [...] est devenue l'expérience quotidienne des masses toujours croissantes de notre siècle.[3]

Par « désolation » ou « acosmisme », Arendt entend un phénomène qui a un impact profond sur l'homme moderne, à savoir le fait que celui-ci, contrairement aux générations précédentes, n'est plus ancré aussi solidement dans les concepts de famille étendue, de corps de métier, de guilde, de groupe social ou de communauté. Au lieu de cela, il vit souvent, en tant que travailleur interchangeable ou qu'employé, coupé de toute attache, dans des mégapoles anonymes. Selon Arendt, suite à la révolution industrielle et à une forte croissance démographique, un tout nouveau modèle de société est apparu, appelé « société de masse ». Depuis le début du 20e siècle, l'homme se sent vulnérable, interchangeable et superflu :

> [...] phénomène entièrement nouveau en Europe, où il découle du chômage massif et de la croissance démographique des cent cinquante dernières années [...].[4]

Il y a eu en effet, comme le constate Arendt, une explosion démographique considérable au tournant du 20e siècle. Rien que sur le territoire de l'Empire allemand, le nombre d'habitants a été multiplié par dix entre 1750 et 1910, passant de six millions à soixante-cinq millions. Une urbanisation sans précédent a eu lieu et des masses humaines ont commencé à se concentrer dans les métropoles. Des instances d'un genre totalement nouveau, extrêmement efficientes, ont été créées de toutes pièces, afin d'administrer et de diriger une population grandissant à toute vitesse. L'individu bourgeois, jadis fier de son statut, n'a plus été en mesure de donner le ton, il s'est retiré ou s'est fondu dans la masse de la population industrielle. L'expérience du chômage, le sentiment d'impuissance et de complète interchangeabilité ont déferlé sur des pans entiers de la société.

Et c'est précisément ce sentiment général d'inconstance, d'après Arendt, qui a formé le terreau du national-socialisme et du stalinisme. Car, selon sa thèse, les masses déracinées tendent, d'un point de vue structurel, à se tourner vers des idéologies qui promettent de donner un nouveau sens à leur vie et d'accéder à une meilleure estime de soi. Staline a promis aux masses la révolution internationale et un futur dans lequel les travailleurs vivraient dans un paradis socialiste, Hitler un Grand Reich Germanique millénaire et la domination de la race aryenne. Ces idéologies proposent de remplacer le « désarroi » par une nouvelle sécurité, encadrée par des organisations de masse et des groupes paramilitaires. Grâce aux médias de masse et à la violence d'État, les citoyens sont amenés à suivre sans condition l'idéologie en question, pour finir par abandonner toute réflexion individuelle :

> On pourrait dire que l'humanité vivante d'un homme décline dans la mesure où il renonce à la pensée, et se fie [...] aux vérités reconnues ou même méconnues, les utilisant comme une monnaie pour s'acquitter de toutes les expériences.[5]

Le diagnostic d'Arendt sur la vulnérabilité de la société de masse moderne face à ces idéologies et sur le « règne de Personne » est d'autant plus brûlant qu'il ne porte pas que sur les dictatures du 20e siècle, mais également sur nos démocraties actuelles.

En effet, nous faisons encore aujourd'hui l'expérience du « règne de Personne » et du sentiment de « désolation ». Certes, dans la plupart des pays occidentaux sont organisées de loin en loin des élections, lors desquelles des représentants politiques sont choisis, mais les citoyens eux-mêmes ne décident plus activement de rien. La plupart du temps, lorsqu'un nouveau parti arrive au pouvoir, seuls les ministres sont remplacés, tandis que les tentaculaires bureaucraties et ministères continuent de travailler de la même manière. Ils nous administrent et nous dirigent tout au long de notre vie – de l'acte de naissance à la mise à la retraite en passant par l'instruction obligatoire, le permis de conduire, l'avis d'imposition, les cotisations sociales, les nouvelles dispositions légales à chaque nouvelle année, les limites de vitesse sur les routes et les indemnités de chômage.

La bureaucratie est une forme de tyrannie dans laquelle […]

La grande découverte d'Arendt

le gouvernement et le jeu des lois sont remplacés par l'administration et la décision anonyme.[6]

Arendt tire de ces réflexions une conclusion radicale. Dans notre société de masse, le citoyen adulte, capable de prendre des décisions et d'en être responsable, est remplacé par le « règne de Personne ». Cela signifie que des instances impersonnelles et anonymes édictent des lois et des règlements que nous acceptons sans réfléchir. Et ce n'est pas tout : nous considérons ces réglementations de la vie en communauté dans nos agglomérations compactes comme nécessaires et tout à fait normales. Mais le « règne de Personne » est loin d'être aussi inoffensif qu'il n'y paraît :

Le gouvernement sans chef n'est pas nécessairement une absence de gouvernement ;

> en fait il peut devenir, dans certaines circonstances, tyrannique et cruel entre tous.⁷

Puisque nous sommes habitués, depuis l'enfance, à suivre les injonctions de l'administration, de la police et de l'État, nous le faisons également lorsque ces injonctions sont abusives, injustes, voire inhumaines.

Un exemple emblématique du « règne de Personne » dans l'histoire est, d'après Arendt, le comportement d'Adolf Eichmann, fonctionnaire et chef de division sous le gouvernement national-socialiste, connu pour avoir invariablement suivi les instructions que lui donnait son ministère. Sur ordre de ses supérieurs, il a organisé le transport de millions de Juifs vers les camps de concentration et d'extermination. Son exemple est représentatif des milliers de fonctionnaires administratifs, d'employés des chemins de fer, de juges, de policiers et d'autres citoyens qui ont soutenu activement le national-socialisme et ont cherché plus tard à se justifier en

La grande découverte d'Arendt

déclarant n'avoir fait que suivre les ordres et obéir aux lois. Eichmann n'était pas un cas isolé :

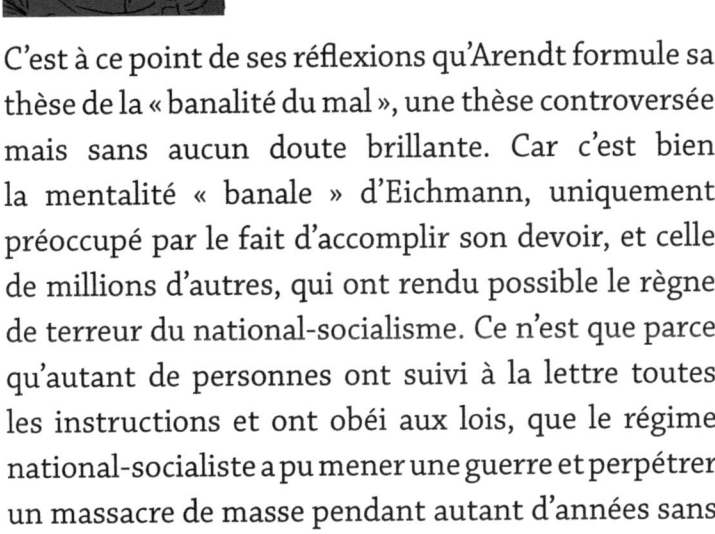

L'ennui, avec Eichmann, c'est précisément qu'il y en avait beaucoup qui lui ressemblaient et qui n'étaient ni pervers ni sadiques, qui étaient, et sont encore, terriblement et effroyablement normaux.[8]

C'est à ce point de ses réflexions qu'Arendt formule sa thèse de la « banalité du mal », une thèse controversée mais sans aucun doute brillante. Car c'est bien la mentalité « banale » d'Eichmann, uniquement préoccupé par le fait d'accomplir son devoir, et celle de millions d'autres, qui ont rendu possible le règne de terreur du national-socialisme. Ce n'est que parce qu'autant de personnes ont suivi à la lettre toutes les instructions et ont obéi aux lois, que le régime national-socialiste a pu mener une guerre et perpétrer un massacre de masse pendant autant d'années sans rencontrer de résistance importante.

Aucune thèse de science politique sur le national-socialisme et l'holocauste n'a déclenché autant de controverses, de discussions et suscité autant d'émoi que celle de la « banalité du mal ».

Ainsi, certaines personnes juives ont reproché à Arendt de minimiser les atrocités des nazis en les décrivant comme « banales » et de bafouer la mémoire des victimes. L'historien Golo Mann l'a accusée de mépriser et d'insulter les combattants de la résistance allemande, car elle focalise son attention sur le fait que la majorité des Allemands se sont accommodés de la situation. La gauche européenne a critiqué la « banalité du mal », considérant qu'il s'agissait d'une psychologisation déplacée et déplorant que le terme de « totalitarisme » permette de mettre dans le même panier le national-socialisme et le communisme. D'autres encore ont lu dans la thèse de la « banalité du mal » une tentative choquante de voir un « Eichmann dans chacun d'entre nous » et de rejeter la faute sur l'ensemble des Allemands.

Seuls quelques penseurs éminents, comme le philosophe Karl Jaspers, ont salué la thèse d'Arendt sur la « banalité du mal », y voyant une dédiabolisation et un modèle explicatif dont on peut tirer des leçons pour l'avenir. Aujourd'hui encore, ce sujet donne lieu à des débats enflammés.

Arendt a formulé sa thèse provocante en 1961, alors

qu'elle travaillait comme journaliste et couvrait le procès d'Eichmann pour le magazine *The New Yorker* depuis la salle d'audience de Jérusalem. Elle a ensuite publié son article dans l'ouvrage *Eichmann à Jérusalem : Rapport sur la banalité du mal*.

L'accusé Eichmann avait survécu à la guerre et s'était construit une nouvelle existence en Argentine sous une fausse identité, jusqu'à ce que le Mossad le capture et le fasse comparaître devant la justice à Jérusalem. Dans cette atmosphère enflammée, les médias le décrivaient comme possédé, comme un démon et un monstre immoral. Même le procureur israélien l'avait décrit comme un « pervers sadique ». Arendt s'est opposée à ce qu'elle considérait comme une diabolisation et une pathologisation inexactes et inappropriées :

> Eichmann n'était ni un Iago, ni un Macbeth [...]. Mis à part un zèle extraordinaire à s'occuper de son avancement personnel, il n'avait aucun mobile. [...] C'est la pure absence de pensée [...]

> qui lui a permis de devenir un des plus grands criminels de son époque.[9]

D'après Arendt, la « banalité du mal » réside justement dans le fait qu'Eichmann n'était pas un démon fondamentalement malfaisant ou venu d'une autre dimension, mais simplement qu'il aspirait à être, comme des milliers d'autres, un fonctionnaire modèle – ce qui est apparu de plus en plus clairement, et de façon de plus en plus macabre, au cours de son procès. Eichmann a ainsi confessé qu'en tant que bon fonctionnaire, il avait pour ambition d'organiser le transport des Juifs vers les camps de concentration et d'extermination d'une manière suffisamment efficace pour qu'aucun wagon ni train ne circule à moitié vide. Car il ne voulait surtout pas gaspiller des ressources importantes pour l'effort de guerre. D'un autre côté, il accordait la plus haute importance au fait de n'avoir rien à voir, mais vraiment rien du tout, avec le meurtre des Juifs, et de ne jamais se retrouver dans la position de devoir tuer un Juif ou n'importe quel autre être humain. Que devait-on penser d'une telle contradiction ?

> La question était de savoir si Eichmann avait menti lorsqu'il avait dit : « Je n'ai jamais tué un Juif [...]. Je n'ai jamais donné l'ordre de tuer un Juif. »[10]

Arendt est arrivée à la conclusion qu'il disait la vérité. Selon elle, on avait affaire, dans son cas, à un tout nouveau type de criminel, un « criminel administratif ». En effet, Eichmann n'avait jamais tué personne de ses propres mains, ni n'en avait donné l'ordre. Mais il était tout de même, d'après Arendt, coupable : même depuis son bureau, loin des camps d'extermination, il s'était rendu coupable en suivant les instructions de son ministère et en organisant les transports. Car selon Arendt, ni lui ni aucun autre fonctionnaire, soldat ou serviteur de l'État ne peut utiliser comme excuse le fait de n'avoir fait que suivre les ordres. Chaque action, que ce soit en dictature ou en démocratie, reste toujours de la responsabilité de l'individu. À ce point décisif de ses réflexions, Arendt se réfère à Kant :

Aucun homme d'après Kant n'a le droit d'obéir.[11]

L'idée fondamentale d'Arendt est désormais claire : même dans notre époque de société de masse, l'homme ne peut et ne doit en aucun cas se livrer au « règne de Personne ». Il est de notre devoir à tous de penser et de juger par nous-mêmes. Car en fin de compte, nous devons toujours endosser la responsabilité de nos actes. Ni une idéologie dictatoriale, ni une loi, ni un gouvernement élu démocratiquement, ne peut ni ne doit remplacer ou limiter notre réflexion personnelle. Nous avons besoin de ce qu'Arendt elle-même exige encore et toujours, une

[…] pensée sans garde-fou.[12]

Nous nous devons d'être en mesure de penser et d'agir, si nécessaire, à l'encontre de toutes les lois, règles et règlements. Mais à quoi ressemble une telle pensée autonome ? Que cela signifie-t-il concrètement, de refuser d'obéir au « règne de Personne » ? Devons-nous introduire une nouvelle matière scolaire, dans laquelle nos enfants apprendront à se méfier des instructions de l'État et, le cas échéant, à refuser de s'y soumettre ?

Et quelles conséquences découlent de la « banalité du mal » ? Y a-t-il un Eichmann dans chacun d'entre nous ? Quelle force morale peut-on et doit-on exiger de l'homme moderne ? Hannah Arendt donne à ces questions des réponses claires et tranchées.

La pensée centrale d'Arendt

Les origines du totalitarisme

Dans son célèbre ouvrage de philosophie politique, *Les origines du totalitarisme*, Arendt analyse tout d'abord les origines historiques du totalitarisme. Elle arrive à la conclusion que dès le 18e et le 19e siècle, on peut observer les premiers développements qui ont plus tard ouvert la voie au totalitarisme. L'antisémitisme, l'impérialisme et le colonialisme ont préparé le terrain à la radicalisation et à l'idéologisation de la population au 20e siècle. Ainsi par exemple, l'idéologie raciste national-socialiste avait été préparée par le colonialisme depuis une centaine d'années. Car les puissances coloniales européennes avaient déjà le sentiment d'appartenir à une race supérieure à celle des peuples colonisés, avec pour ambition de civiliser et de convertir les populations autochtones « sauvages, arriérées et païennes ». Les Boers en République d'Afrique du Sud, par exemple, ont promulgué dès 1860 les premières lois sur la ségrégation raciale. Et pourtant, écrit Arendt, le totalitarisme du 20e siècle a été une forme

La pensée centrale d'Arendt

de gouvernance tout à fait nouvelle, sans précédent dans l'histoire. Il est clair que

> [...] le totalitarisme diffère par essence des autres formes d'oppression politique que nous connaissons, comme le despotisme, la tyrannie et la dictature.[13]

Certes, il y a toujours eu, dans l'histoire, des tyrans, des souverains autoritaires et des empereurs, mais jamais un despotisme de cette nature, qui touchait la population entière dans tous les domaines de la vie – donc dans sa totalité :

> [...] les formes entièrement nouvelles, sans précédent, de l'organisation et du mode d'action totalitaire, doivent reposer sur l'une de ces rares expériences

> fondamentales [...] qui, pour une raison ou pour une autre, n'a jamais servi de fondement à un corps politique.[14]

Et cette nouvelle expérience du totalitarisme a consisté en une mise au pas totale, en une déresponsabilisation personnelle et en la dissolution de la vie individuelle au sein d'un processus historique dont la finalité avait été fixée par une idéologie. Cet accaparement total de l'individu n'avait été rendu possible que grâce à l'émergence de la société de masse à l'époque industrielle. L'explosion démographique soudaine, l'exode rural et les crises du capitalisme industriel avaient conduit à un profond déracinement de l'humain :

> La masse de ces hommes généralement déçus et désespérés augmenta rapidement en Allemagne et en Autriche,

La pensée centrale d'Arendt

après la Première Guerre Mondiale, lorsque l'inflation et le chômage aggravèrent la dislocation consécutive à la défaite militaire.[15]

Rien qu'en Allemagne, plus de six millions de personnes étaient au chômage, sans indemnisation décente. Les gens s'écroulaient régulièrement par terre dans la rue, de faiblesse ou de faim. Ceux et celles qui avaient encore un travail savaient qu'ils étaient interchangeables, et se sentaient eux aussi menacés par la paupérisation et abandonnés sur le plan politique :

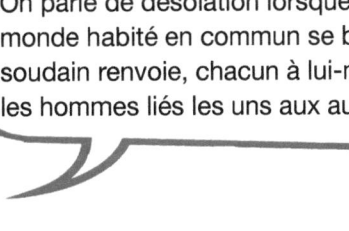

On parle de désolation lorsque […] ce monde habité en commun se brise et soudain renvoie, chacun à lui-même, les hommes liés les uns aux autres.[16]

Rares étaient ceux qui faisaient encore confiance aux partis chrétiens ou traditionnels pour résoudre leurs problèmes. Au contraire, ils plaçaient leur espoir dans les promesses des mouvements radicaux, qui leur laissaient entrevoir un nouveau monde national-socialiste ou une société sans classes. Dès les deux élections de 1932, on a pu voir apparaître en Allemagne une majorité dite « négative », c'est-à-dire que la majorité des Allemands s'étaient prononcés pour le NSDAP ou pour le parti communiste KPD, deux partis dont l'objectif déclaré était la suppression de la démocratie.

Hitler et Staline étaient parvenus à donner aux masses l'espoir d'une nouvelle assurance. Elles n'étaient plus superflues, interchangeables et déracinées, mais participaient au contraire à la dictature du prolétariat ou à la « communauté du peuple » de la race aryenne.

> Toute dignité humaine est balayée [...] ; à sa place, on trouve une nouvelle cohérence, un sens de la confiance mutuelle, parmi tous les membres de ce peuple, qui apaise les justes craintes des hommes modernes inquiets de devenir des individus isolés dans une société atomisée.[17]

Aussi différentes que soient ces deux idéologies, celle de la suprématie de la race aryenne et celle de la révolution internationale socialiste, leurs structures sont pourtant similaires.

L'idéologie totalitaire comme finalité de l'histoire

Ces idéologies sont toutes les deux totalitaires. Elles donnent, nous dit Arendt, une explication totale du monde et énoncent la finalité de l'histoire humaine. Dans le national-socialisme, la finalité de l'histoire est la suprématie, imposée par la nature, de la race supérieure ; dans le communisme, c'est la révolution internationale, imposée par l'histoire, et la société sans classes. Chaque individu qui s'oppose à l'un ou l'autre de ces objectifs pour l'espèce humaine, et entrave donc l'épanouissement du processus naturel ou historique, doit être exclu de l'espèce et combattu par la terreur :

La terreur [...] élimine l'individu au profit de l'espèce. [...] La force

> surhumaine de la Nature ou de l'Histoire a son propre commencement et sa propre fin, de sorte que seule peut l'entraver [...] une vie d'homme.[18]

Et c'est bien en cela que se rejoignent le national-socialisme et le stalinisme. Dans le cas du national-socialisme, ce sont les races impures et inférieures qui s'opposent à l'épanouissement du processus naturel et historique prédéterminé pour notre espèce ; dans le cas du stalinisme, ce sont des classes condamnées à mort. C'est ainsi que les nobles comme la famille du tsar, par exemple, ont été considérés comme les reliques d'une société féodale mourante et ont été éliminés, tout comme les représentants de la bourgeoisie, qui entravaient le règne de la classe prolétarienne :

> Les dirigeants totalitaires [...] prenaient les idéologies mortellement au sérieux [...] et se mettaient en devoir d'en

déployer les implications idéologiques jusqu'à l'extrême [...] : une « classe moribonde » était une classe de gens condamnés à mort ; les races qui sont « inaptes à vivre » devaient être exterminées.[19]

La gauche politique a reproché à Arendt de mettre le national-socialisme et le marxisme, en tant qu'idéologies totalitaires, sur le même plan. Car l'objectif final du marxisme était bien de parvenir à une communauté internationale pacifique et socialiste, rassemblant tous les peuples : il se distinguait donc en cela fondamentalement de l'objectif raciste de la suprématie mondiale germano-aryenne, qui cherchait à opprimer et à exploiter tous les autres peuples. Arendt était parfaitement consciente de cette différence de contenu, mais ce qui lui importait, dans le sillage de l'impression provoquée par les camps de concentration nazis et par les goulags staliniens, c'était de montrer la dangerosité fondamentale d'une conception totalitaire de l'histoire :

> Sous-jacente à la croyance nazie aux lois de la race [...] se trouve l'idée de Darwin selon laquelle l'homme serait le produit d'une évolution naturelle [...]. Il en va exactement de même chez les Bolcheviks : leur croyance en la lutte des classes [...] repose sur la conception marxiste de la société comme produit d'un gigantesque mouvement historique [...].[20]

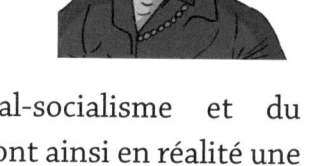

Les idéologies du national-socialisme et du stalinisme, en déduit Arendt, ont ainsi en réalité une caractéristique macabre commune, celle de la

> [...] préparation des victimes et des exécutants [...].[21]

Une fois qu'une telle idéologie est établie, la mise à mort des « nuisibles » fait alors partie du quotidien d'un système totalitaire. Or le droit de tuer attribué à l'État ne menace dès lors pas uniquement les ennemis désignés, mais bien tous les citoyens. Car plus personne n'est à l'abri. En effet, les instances supérieures décident désormais qui est réellement « utile » ou « nuisible ». Et cela provoque un sentiment général d'insécurité et de peur.

L'élément central du totalitarisme : La mise au pas par la terreur

Comme il n'y a plus de bureau des réclamations, c'est la peur d'être éliminé qui gouverne, même chez les partisans du régime :

> La différence fondamentale entre une domination totalitaire, fondée sur la violence, et des dictatures et des tyrannies, établies par la violence, est que la première s'attaque non seulement à ses adversaires,

> mais tout aussi bien à ses amis et partisans, car tout pouvoir l'effraie, même celui que peuvent détenir ses alliés.[22]

On trouve en effet de nombreux exemples, aussi bien au sein du national-socialisme que du stalinisme, d'élimination de partisans dont la seule « faute » a été de devenir, potentiellement, trop puissants. C'est ainsi que Hitler, dans le cadre de l'affaire Röhm en 1934, a fait emprisonner et tuer non seulement de nombreux dirigeants SA, mais également Gregor Strasser, figure de proue de l'aile gauche du NSDAP, orientée socialiste. Bien que son portrait fût accroché dans beaucoup de bureaux du parti au côté de celui de Hitler et qu'il ait été pendant des années « directeur d'organisation » du parti, c'est-à-dire une sorte de secrétaire général, Strasser a tout simplement été abattu. Staline aussi, rappelle Arendt, a fait condamner et exécuter sans scrupules un grand nombre de communistes et de partisans lors des procès de Moscou entre 1936 et 1938. Il a entre autres éliminé presque toute l'élite dirigeante des Bolcheviks, qui était constituée d'anciens membres de l'entourage de Lénine :

La terreur est l'essence même [du totalitarisme].23

La pensée centrale d'Arendt

La menace sourde, voire parfois explicite, d'être envoyé dans les camps ou au goulag, n'était pas, d'après Arendt, l'exception mais la règle. Le fait d'être exposé, impuissant, à la terreur et à l'arbitraire créait un climat général de peur, ce qui a facilement permis au régime totalitaire, dans un premier temps, de détruire les organisations traditionnelles comme les syndicats, d'interdire les autres partis, de mettre au pas l'administration, les médias et la justice, puis, dans un second temps, d'imposer une obéissance inconditionnelle à l'expansion militaire et à l'autorité du Führer :

> Le monopole absolu du Chef en matière de pouvoir et d'autorité apparaît de la manière la plus évidente dans les rapports que celui-ci entretient avec son chef de la police [...]. Staline n'[avait] jamais permis que ses chefs de la police jouissent d'une position comparable à celle d'un Himmler durant les dernières années du régime nazi.[24]

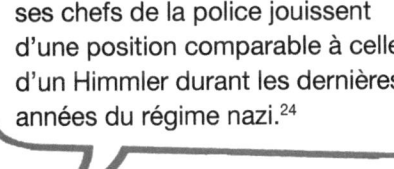

Au final, cela a mené dans les deux cas à une terreur et à un mépris du genre humain sans précédent dans l'histoire occidentale, que les générations suivantes ont du mal à expliquer, justifier ou interpréter :

> Les chambres à gaz du troisième Reich et les camps de concentration de l'Union soviétique [...] ont rompu la continuité de l'histoire occidentale, car personne ne peut sérieusement assumer la responsabilité de telles entreprises, pas plus qu'on ne peut sérieusement en imputer la responsabilité à quiconque.[25]

En résumé, le totalitarisme est considérablement plus dangereux que la tyrannie et que toutes les formes d'autoritarisme de l'Antiquité ou du Moyen Âge. Tandis que les despotes d'antan imposaient « seulement » à leurs sujets de reconnaître l'autorité du tyran ou du souverain absolu dans toutes les affaires de l'État, les régimes totalitaires, eux, s'introduisent jusque dans la sphère privée des citoyens et l'imprègnent totalement. Ils imposent aux populations d'être incorporées dans des organisations de masse, contrôlent leurs actions, manipulent leur pensée à travers les médias de masse, les enveloppent dans un voile idéologique et leur dictent, sous peine d'être menacées de mort, la finalité de leur existence dans le cadre de l'histoire mondiale.

Le résultat est terrible. Les citoyens perdent leur liberté, leur pensée propre, leur capacité d'action et, par là, ce qui fait d'eux, en fin de compte, des humains. Cependant, le risque de perdre sa propre humanité n'existe pas que dans le totalitarisme, nous dit Arendt, mais également dans les sociétés de masse d'aujourd'hui. C'est cette idée fondamentale selon laquelle une part de notre humanité se perd, même dans notre monde moderne, des années après la victoire sur le totalitarisme, qu'Arendt approfondit dans son ouvrage philosophique principal, *Vita activa ou Condition de l'homme moderne*.

La **vita activa** et le niveau le plus élevé de l'activité humaine

D'après Arendt, l'homme est par nature un être actif, c'est-à-dire agissant. Jusque-là, la philosophie avait toujours décrit l'homme seulement comme un être pensant. « Je pense, donc je suis », disait par exemple Descartes. De son côté, Kant considérait que la plus haute aspiration de l'homme consiste à faire usage de sa raison. Mais en réalité, d'après Arendt, l'homme est essentiellement défini par son activité :

Ce que je propose est donc très simple : rien de plus que de penser ce que nous faisons.[26]

Dans son ouvrage principal, *Condition de l'homme moderne*, Arendt distingue trois activités humaines fondamentales : le travail, l'œuvre et l'action.

Le travail : tout d'abord, chaque homme doit *travailler*, afin de satisfaire ses besoins élémentaires. Il doit par exemple faire la cuisine, la vaisselle, la lessive, les courses, passer l'aspirateur et avoir une activité lui permettant de gagner l'argent nécessaire pour payer son alimentation, ses vêtements et son logement. *Le travail* est donc l'effort répété pour maintenir ce dont notre corps a besoin pour survivre :

> Le travail est l'activité qui correspond au processus biologique du corps humain, dont la croissance spontanée, le métabolisme et éventuellement la corruption sont liés aux productions élémentaires dont le travail nourrit ce processus vital.[27]

L'homme a commencé à travailler, au sens propre, à l'âge de pierre, lorsqu'il est parti chasser pour la première fois, qu'il a investi des grottes, a planté les premiers champs et potagers, pour aujourd'hui recourir à l'agriculture moderne et à l'industrie alimentaire afin de subvenir à ses besoins. Mais même si c'est une base nécessaire, le travail, d'après Arendt, reste le niveau le plus bas de l'activité humaine. Car le *travail* domestique, tout comme la production des biens de consommation naturels, n'est qu'une activité répétitive dont il ne reste rien sur le long terme.

L'œuvre : le niveau suivant de l'activité humaine est l'œuvre. Par *œuvre*, Arendt entend la production des biens permanents et artificiels, introuvables dans la nature, dont s'entoure l'homme – c'est-à-dire par exemple les œuvres d'art comme les tableaux, les statues, les cathédrales, la musique et la littérature, mais également les artefacts comme les outils et les machines. Les œuvres d'art, objets, outils et appareils ainsi créés donnent de l'épaisseur au monde :

L'œuvre fournit un monde « artificiel » d'objets, nettement différent de tout milieu naturel.[28]

Mais le niveau le plus élevé de l'activité humaine est l'*action*. Par *action*, Arendt entend l'activité propre à l'homme qui mène, en interaction avec les autres hommes, à la pratique politique et sociétale. Arendt se réfère par là au concept politique du *bonum commune*, c'est-à-dire du « bien commun », issu de l'Antiquité. Si l'*action* est si importante aux yeux d'Arendt, c'est parce que c'est la seule forme d'activité qui peut permettre une cohabitation pacifique. Elle s'ancre dans la liberté humaine et dans l'interaction entre les individus. Car contrairement au *travail* et à l'*œuvre*, l'*action* est totalement détachée de la matière :

La pensée centrale d'Arendt

> L'action, la seule activité qui mette directement en rapport les hommes, sans l'intermédiaire des objets ni de la matière, correspond à la condition humaine de la pluralité [...].[29]

Et contrairement au *travail* et à l'*œuvre*, l'*action* n'est soumise à aucun rapport direct entre la fin et les moyens. En fin de compte, parce qu'elle sert le bien commun, elle peut et elle doit avoir lieu entre des hommes égaux en droits. C'est dans l'action commune que s'accomplit la forme la plus aboutie de la condition humaine :

> En agissant et en parlant les hommes font voir qui ils sont, révèlent activement leurs identités personnelles uniques [...].[30]

Quant à l'*action* discursive, les citoyens d'une démocratie devraient la garder en permanence à l'esprit et la pratiquer en tant que forme la plus aboutie de l'activité humaine, car elle est l'épanouissement et l'accomplissement de la *vita activa*, et leur revient de droit – voilà l'appel d'Arendt. Mais cette conception de l'homme en tant qu'être *travaillant, œuvrant* et *agissant* a été critiquée pour différentes raisons. Tout d'abord, on a reproché à cette tripartition de l'activité humaine d'être artificielle, et inutilisable à cause des innombrables chevauchements entre les catégories. Comment, par exemple, interpréter l'activité de chercheurs qui percent les secrets d'une maladie génétique et développent, par génie génétique et contre la volonté de l'industrie pharmaceutique, un médicament unique rendant caduque un traitement à vie ? *Travaillent*-ils, *œuvrent*-ils pour créer quelque chose de nouveau et de permanent, ou bien *agissent*-ils de manière interactive pour le bien commun ?

Du côté des associations féministes et de la gauche politique, on a reproché à Arendt de déprécier les activités modestes et répétitives, comme les travaux domestiques ou le travail des agriculteurs, et de mettre sur un piédestal l'action politique.

Mais dans son ouvrage *Vita activa*, Arendt se préoccupe moins de cette hiérarchisation – critiquée – des trois formes d'activité que d'analyser leur évolution à travers l'histoire. Ainsi, dans les cités-États de la Grèce antique, il allait encore de soi que *l'action* politique était au centre de la vie en communauté. Aristote caractérisait alors, à juste titre, l'homme de « Zoon Politikon », d'animal politique, dont la plus haute vertu était le souci du bien commun dans la *polis*, c'est-à-dire dans l'État.

Par la suite, au Moyen Âge, c'est l'*œuvre* qui s'est élevée au rang de plus haute forme de l'activité humaine. Et aujourd'hui, dans la société de masse moderne, nous le voyons bien, l'homme ne fait plus que *travailler* et consommer. Depuis la révolution industrielle, la vie de l'homme, d'après Arendt, se résume à la production de biens matériels par le *travail* dans la société. Cela aboutit à une perte de sens. Au lieu de trouver son estime de soi dans l'*action*, l'homme ne la trouve plus que dans le *travail*. Pour autant, le travail n'est même plus, dans le capitalisme, un élément garanti de l'existence. L'automatisation et les crises conjoncturelles bouleversent le modèle discutable de la *société du travail* :

Ce que nous avons devant nous, c'est la perspective d'une société de travailleurs sans travail, c'est-à-dire privés de la seule activité

qu'il leur reste. On ne peut rien imaginer de pire.[31]

Ainsi, Arendt se fait à la fois la détractrice et l'avocate d'une population « laissée pour compte » sur le plan politique dans les démocraties occidentales. Il s'agit de reconquérir la sphère politique de l'*action* et, par là, de la vie active au sens de la polis antique :

Le sens du politique [...] consiste ici en ce que les hommes libres [...] ont entre eux des relations d'égaux [...], toutes les affaires devant sinon être régies par la discussion et la persuasion mutuelle.[32]

Mais, selon Arendt, c'est précisément cette *action* politique vivante que nous avons en grande partie perdue aujourd'hui. Nous souffrons, au fond, toujours de la même problématique qu'avant la Seconde Guerre mondiale. La société de masse moderne a élevé le travail, la croissance économique et le fonctionnement de l'appareil d'État au rang suprême. Mais ce fonctionnalisme appliqué à tous les domaines de la vie fait apparaître un nouveau type d'homme : l'homme acosmique, qui est forcé de se vendre lui-même et sa force de travail en tant que marchandise, et est prêt, à son tour, à dégrader son prochain au rang d'objet. Tout – et tout un chacun – doit fonctionner.

À l'aune de l'idéal antique de la participation vivante à l'organisation de la polis, l'homme moderne risque de perdre une dimension importante de sa condition humaine. Il cesse de penser et d'*agir* par lui-même. C'est à titre d'exemple illustrant un tel type d'homme, qui ne fait plus que fonctionner et a mis de côté sa propre pensée, qu'Arendt invoque le fonctionnaire national-socialiste Adolf Eichmann.

Le cas Eichmann et la « banalité du mal »

Dans une Europe en grande partie occupée par Hitler, Eichmann, à la tête de la division IV.B.4 du RSHA (*Reichssicherheitshauptamt*, ou Office central de la sûreté du Reich) chargée de l'expulsion et de la déportation des Juifs, organisa l'ensemble de l'acheminement en trains d'un nombre de Juifs estimé à six millions, vers les camps de concentration et d'extermination. Après la guerre, il disparut en Argentine sous une fausse identité, jusqu'à ce qu'il soit capturé par les services secrets israéliens et traduit en justice à Jérusalem en 1961. Le procès d'Eichmann fit sensation dans le monde entier, tout comme le procès des criminels de guerre à Nuremberg quelques années auparavant. Arendt en fit le récit, en tant que journaliste, directement depuis la salle d'audience de Jérusalem. Dans les journaux, en amont, Eichmann avait été décrit par David Ben Gourion, premier ministre d'Israël, comme un monstre, et par le procureur Gideon Hausner comme un pervers sadique et un démon. Étant donné l'émoi suscité par son audience, qui dura au total huit mois, Eichmann fut obligé, pour sa propre sécurité, de comparaître dans une cage de verre blindé sous la surveillance de policiers.

La pensée centrale d'Arendt

Lorsqu'Arendt vit l'accusé et entendit ses déclarations, elle fut sidérée de sa médiocrité absolue et de sa mentalité de fonctionnaire pédant :

> Malgré tous les efforts de l'accusation, tout le monde pouvait voir que cet homme n'était pas un « monstre » ; mais il était vraiment difficile de ne pas présumer que c'était un clown.[33]

Eichmann déclara qu'il n'était pas un antisémite et n'avait personnellement rien contre les Juifs. Il n'avait fait, selon lui, qu'accomplir consciencieusement ses tâches administratives :

> Tout d'abord, l'inculpation pour meurtre était fausse : « Je n'avais rien à voir avec l'assassinat des Juifs. Je n'ai jamais tué un Juif [...] – je n'ai jamais tué aucun être humain. Je n'ai jamais ordonné qu'on tue un Juif ou un non-Juif. Je ne l'ai simplement pas fait. »[34]

Lorsqu'un témoin déclara avoir vu Eichmann tuer un jeune garçon juif, celui-ci perdit totalement contenance pour la première et unique fois de tout le procès, et protesta énergiquement, déclarant que jamais il n'en aurait été capable. Il ajouta que si on lui avait imposé d'être affecté à un camp de concentration, il se serait ôté la vie immédiatement. De fait, l'accusation s'avéra plus tard être sans fondement et fut abandonnée par le parquet.

[...] l'accusation tentait inlassablement d'apporter la preuve d'un meurtre individuel.[35]

Eichmann n'avait effectivement jamais tué une seule personne de ses propres mains ; il n'était, en tant qu'organisateur des transports, qu'un bureaucrate. Arendt fit usage, pour ce nouveau type de criminel, du terme de « criminel administratif ». Et, en effet, Eichmann fit devant le tribunal la description détaillée et prétentieuse de toutes les procédures techniques, administratives et officielles : comment il réquisitionnait les trains et les wagons de la Reichsbahn ou bien des sociétés de chemin de fer des différentes régions occupées, comment il calculait leur capacité, faisait établir les listes des Juifs à déporter, déterminait les horaires de départ des trains et tentait d'en assurer le remplissage, ce qui n'était souvent pas facile. Plus on écoutait les déclarations d'Eichmann, plus on était forcé d'arriver à la conclusion, raconte Arendt, qu'il ne s'agissait pas d'un personnage avide de pouvoir de la trempe d'un Macbeth, ni d'un sadique ou d'un démon surnaturel :

> Il n'y a là aucune profondeur, rien de démoniaque ! Il s'agit simplement du refus de se représenter ce qu'il en est véritablement de l'autre [...].[36]

Eichmann ne nia pas avoir su, depuis la conférence de Wannsee à laquelle il avait personnellement participé, que les Juifs étaient destinés à passer devant les pelotons d'exécution ou à être envoyés dans les camps d'extermination. Il avait même visité à plusieurs reprises un camp d'extermination, sans assister personnellement, cependant, à une exécution ou à quelque chose de similaire. Il en aurait été, disait-il, tout simplement incapable. Le juge demandait sans cesse à Eichmann s'il n'avait pas une seule fois, en exerçant son activité, eu mauvaise conscience et s'il n'avait jamais réfléchi à ce qu'il aurait pu faire pour empêcher ces massacres dont il était au courant depuis le début. Eichmann répétait que de telles réflexions ne lui étaient pas permises, car il était de son devoir d'exécuter les ordres des instances supérieures. Il avait certes entendu parler de la « solution finale » lors de la conférence de Wannsee, mais n'avait pas eu la moindre influence sur cette décision. Il n'avait été, lors de cette conférence, que le secrétaire chargé de rédiger le compte rendu.

Dans son office et sa fonction, il n'avait fait que suivre consciencieusement les ordres :

« Personne, répéta-t-il, ne vint me voir pour me reprocher quoi que ce soit dans l'accomplissement de mon devoir. »[37]

La pensée centrale d'Arendt

Ce n'est qu'en mai 1945, lorsque les ordres cessèrent d'arriver, qu'il ressentit une « atmosphère de fin du monde », car soudain plus personne ne lui disait ce qu'il avait à faire. Le juge en venait presque à désespérer face à cet homme qui s'était mis au service d'une machinerie de mort, mais n'était manifestement capable que de raconter ses activités routinières de fonctionnaire :

> [...] son incapacité à parler était étroitement liée à son incapacité à penser [...] notamment du point de vue de quelqu'un d'autre. Il était impossible de communiquer avec lui, non parce qu'il mentait, mais parce qu'il s'entourait du plus efficace des mécanismes de défense contre les mots et la présence des autres et, partant, contre la réalité en tant que telle.[38]

Eichmann ne s'était jamais représenté la réalité de ce qu'il faisait, il ne s'était jamais laissé atteindre par elle. Dès lors que les hommes et les femmes étaient dans les trains, leur destin ne faisait plus partie de son domaine de responsabilité et il ne s'en souciait

49

plus du tout. Et c'est précisément là, déclare Arendt, que réside la « banalité du mal » :

> C'est la pure absence de pensée [...] qui lui a permis de devenir un des plus grands criminels de son époque [...]. Qu'on puisse à ce point être éloigné de la réalité, à ce point dénué de pensée, que cela puisse faire plus de mal que tous les mauvais instincts réunis qui sont peut-être inhérents à l'homme – telle était effectivement la leçon qu'on pouvait apprendre à Jérusalem.[39]

Durant le procès, Eichmann fut interrogé sur le rôle concret qu'il avait eu à jouer en tant que chef de division. Il décrivit les procédures qu'il avait suivies pour s'enquérir des capacités de transport dans chaque pays européen, avant de demander aux Conseils juifs de choisir et de livrer les contingents de Juifs correspondants. Les Conseils juifs (*Judenräte*) avaient été créés en Pologne sur un décret de Reinhard Heydrich en 1939, puis successivement dans tous les autres pays. Ils étaient composés de

La pensée centrale d'Arendt

rabbins et d'autres personnalités reconnues dans les différentes communautés juives. Ils formaient, au sein du ghetto, une administration interne avec sa propre police. Au départ, ils furent simplement chargés de dresser les listes de tous les habitants avec leur âge, adresse et situation financière, et d'organiser la distribution et le port de l'étoile juive. À partir de 1941, les Conseils juifs eurent peu à peu pour fonction de participer à la persécution et à l'extermination de leur propre peuple, un sujet qui fut abordé lors du procès d'Eichmann :

> Pour un Juif, le rôle que jouèrent les dirigeants juifs dans la destruction de leur propre peuple est, sans aucun doute, le plus sombre chapitre de toute cette sombre histoire […]. À Amsterdam comme à Varsovie, à Berlin comme à Budapest, on pouvait faire confiance aux responsables juifs pour dresser les listes des personnes et de leurs biens, pour obtenir, des déportés eux-mêmes, les fonds correspondant aux frais de déportation et d'extermination, pour recenser les appartements laissés vides,

> pour fournir des forces de police qui aidaient à l'arrestation des Juifs et les mettaient dans les trains, jusqu'à ce que, geste ultime, ils remettent dûment les fonds de la communauté juive aux nazis pour confiscation finale.[40]

De fait, les Conseils juifs, chargés de sélectionner et de lister ceux et celles qui allaient être déportés, furent obligés de faire le choix impossible d'en désigner et sacrifier certains afin d'en sauver d'autres. À Lodz, des enfants furent envoyés dans les camps alors même que c'était particulièrement dangereux pour les personnes âgées et les enfants car ils ne pouvaient pas être affectés au travail forcé. On cita également le cas tristement célèbre du Dr. Kastner, membre du Conseil juif de Hongrie, qui négocia avec Eichmann sur la proposition cynique de Himmler d'échanger un million de Juifs contre 10 000 camions. Au final, il parvint à sauver 1 684 Juifs, tandis que plus de 476 000 étaient déportés.

Eichmann souligna durant le procès à quel point il était important pour lui de bien collaborer avec les Conseils juifs, qu'il avait toujours traités avec politesse et prévenance. Arendt vit dans cette déclaration un indice supplémentaire du rôle douteux qu'avaient joué les Conseils juifs. En tant que leaders religieux et séculiers de leur peuple, ils n'auraient jamais dû seconder ainsi les nazis :

> [...] si le peuple juif avait vraiment été non organisé et dépourvu de direction, le chaos aurait régné, [...] mais le nombre total des victimes n'aurait pas atteint quatre et demi à six millions.[41]

Sans les listes d'adresses précises, sans les informations sur l'âge, le sexe et les revenus, et sans les arrestations menées par la police juive, les nazis n'auraient pas eu les données nécessaires ou auraient été obligés de retirer des troupes du front pour accomplir ces tâches. Au final, le travail des Conseils juifs s'est révélé fatal :

> En Hollande, où le *Joodsche Raad*, comme toutes les autorités néerlandaises, devint très vite un « instrument des nazis », cent trois mille Juifs furent déportés [...] avec la coopération du Conseil juif. Cinq cent dix-neuf Juifs seulement revinrent des camps de la mort. Par contre, sur les vingt ou vingt-cinq mille Juifs qui échappèrent aux nazis – et cela signifiait aussi le Conseil juif – et passèrent dans la clandestinité, dix mille survécurent [...].⁴²

Durant le procès d'Eichmann, Pinchas Freudiger, ancien membre du Conseil juif de Budapest, fut également interrogé en tant que témoin à propos de la collaboration d'Eichmann avec les Conseils juifs :

> [...] c'est au cours de son témoignage que se produisirent les seuls incidents sérieux dans le public : des gens se mirent à crier en hongrois et en yiddish en direction du témoin [...].⁴³

Ils l'insultèrent, lui reprochant de ne pas avoir aidé les Juifs ignorants du danger, ni de leur avoir conseillé de fuir la déportation, alors qu'il était parfaitement au courant de la machine de mort nazie :

Freudiger, un Juif orthodoxe très digne, fut ébranlé : « Il y a ici des gens qui disent qu'on ne leur a pas dit de fuir. Mais 50 % de ceux qui se sont enfuis ont été capturés et tués. »[44]

Mais Arendt n'accepte pas la justification de Freudiger, rappelant que

[...] ceux qui ne s'enfuyaient pas étaient tués à 99 %.[45]

De plus, Freudiger lui-même aurait fui plus tard vers la Roumanie, parvenant à se mettre en sécurité. En fin de compte, le comportement de Freudiger et d'autres autorités juives de la classe supérieure qui avaient collaboré avec Eichmann révélait, d'après Arendt,

> […] l'étendue de l'effondrement moral que les nazis provoquèrent dans la société européenne […], non seulement chez les tortionnaires mais également chez les victimes.[46]

Cet effondrement moral complet se manifesta de nouveau vers la fin du procès. Eichmann insista une fois de plus sur le fait que, malgré sa participation à la conférence de Wannsee et sa complicité dans la solution finale, il ne se sentait en rien fautif, car il n'avait fait, en tant que chef de division, que son devoir. À la question de savoir s'il n'avait pas eu du tout la possibilité de quitter sa sinistre position, il répondit que le suicide aurait été une alternative possible, mais concéda cependant qu'il y aurait peut-être eu un autre moyen :

La pensée centrale d'Arendt

> Dans sa dernière déclaration au tribunal, Eichmann reconnut qu'il aurait pu, sous un prétexte quelconque, faire marche arrière et que d'autres l'avaient fait. Il avait toujours trouvé un tel geste « inadmissible » […].[47]

Eichmann fut condamné à mort et exécuté par pendaison le 31 mai 1962. Dans son recours en grâce, qui lui fut refusé, il insistait à nouveau sur le fait qu'il n'avait été qu'un petit rouage. Il comprenait qu'Israël punisse les grands criminels et hauts responsables, mais, en tant que « petit », il n'avait jamais décidé de quoi que ce soit et s'était contenté d'obéir. Il s'agissait, en définitive, de la même argumentation que lors de l'audience :

> […] Eichmann a suscité des accès de fureur […] et il a dit : « On nous avait pourtant promis qu'on ne nous demanderait pas de rendre compte de

notre responsabilité. Et ne voilà-t-il pas que tout retombe sur notre dos, […] et les gradés […] se sont soustraits – comme toujours – à leur responsabilité. »[48]

Jusqu'au bout, déclare Arendt, c'est tout bonnement la « banalité du mal » qui se manifeste dans la personne d'Eichmann, qui, en tant que « petit bureaucrate » et sur les ordres venus d'en haut, organisa le transport en trains de millions de Juifs sans se soucier un instant du destin qui les attendait. Mais, au final, Eichmann était bien coupable et fut condamné à mort pour une bonne raison. Car personne n'a le droit, nous dit Arendt, de ne faire qu'obéir. Eichmann restait, même en tant que bureaucrate, un homme libre sous sa propre responsabilité, et c'est en tant qu'homme qu'il se tenait devant le tribunal. Il aurait encore fallu lui dire, déclare Arendt, la chose suivante :

La pensée centrale d'Arendt

[…] la politique et l'école maternelle ne sont pas la même chose ; en politique obéissance et soutien ne font qu'un.[49]

Et, aussi bien en tant que fonctionnaire qu'en tant qu'homme, il avait soutenu par son obéissance une politique dont l'objectif était de ne plus partager la Terre avec le peuple juif ainsi qu'avec toute une liste d'autres peuples, et de les exterminer. C'est pourquoi on ne pouvait exiger de personne de vouloir continuer à vivre avec lui. Et, pour citer la phrase de conclusion d'Arendt dans son ouvrage *Eichmann à Jérusalem : Rapport sur la banalité du mal* :

C'est pour cette raison, et pour cette raison seule, que vous devez être pendu.[50]

Après la publication de ce livre aux États-Unis, en Allemagne et en Israël, la thèse d'Arendt sur la « banalité du mal » a provoqué des réactions extrêmement vives dans ces trois pays. Car elle posait désormais une question tout à fait essentielle : si, tout d'abord, le « mal banal » résidait dans l'application zélée et dans l'obéissance aveugle aux ordres du régime nazi, et si, deuxièmement, Eichmann n'était qu'« un parmi tant d'autres » et « consternant de normalité », n'y avait-il pas alors également une faute collective ? Ou bien doit-on faire la différence entre ceux qui voyaient ce qui se passait mais détournaient les yeux avec crainte, ceux qui suivaient, et ceux qui, comme Eichmann, étaient eux-mêmes coupables ? À partir de quand et à quel point des millions de gens auraient-ils dû refuser d'obéir ? Quel courage civique peut-on et doit-on exiger de tout un chacun ?

Arendt n'avait fait ni plus ni moins que de toucher là au cœur de la responsabilité morale de tous ceux qui avaient été impliqués. Ce faisant, elle s'était mise dans un sacré guêpier.

Percer à jour la légende du monstre démoniaque et la remplacer de façon constructive

Lorsqu'Arendt revint de son voyage en Europe en 1963, elle remarqua tout d'abord l'immense tempête d'indignation qu'avait déclenchée son rapport sur le procès d'Eichmann. À sa grande surprise, des centaines de lettres s'empilaient dans sa boîte aux lettres – invectives, menaces, ainsi qu'un certain nombre de prises de position critiques de la part de scientifiques et de personnalités importantes.

On lui reprochait d'avoir, avec sa thèse de la « banalité du mal », profondément blessé les gens qui avaient perdu des proches dans les camps et d'avoir réduit le plus grand crime de l'histoire à une « banalité », minimisant après coup la terreur du régime nazi.

En particulier sa critique de la collaboration des Conseils juifs et de leur rôle dans la politique d'extermination national-socialiste fut qualifiée de diffamation et de trahison envers son propre peuple. Elle fournissait des arguments aux antisémites et faisait des victimes les coupables. Quasiment toutes les organisations juives aux États-Unis condamnèrent son livre sans réserve. Il s'agissait d'un acte clair d'antisionisme. Un collaborateur de Gideon Hausner, procureur général du procès d'Eichmann, publia même son propre livre qui était censé démontrer les erreurs dans la présentation d'Arendt. Il avait été pour ce faire, comme le découvrit Arendt plus tard, directement payé par le gouvernement israélien. Mais même le philosophe juif Hans Jonas, qui était un ami proche d'Arendt, la critiqua lourdement. Arendt ne s'attendait pas à une telle réaction. Elle affirma que son livre sur Eichmann était avant tout le compte rendu d'un procès et qu'il ne s'agissait donc de rien d'autre qu'une présentation des faits. Dans ses lettres à Jaspers et à son amie Mary McCarthy, elle se plaignit d'une campagne de dénigrement ciblée contre sa personne, menée par l'« establishment juif » :

> Sans le pressentir, j'ai touché à une partie du passé juif non surmontée : partout, surtout en Israël, on trouve encore d'anciens membres des Conseils juifs aux postes les plus élevés.[51]

La pensée centrale d'Arendt

Outre les nombreuses attaques contre sa personne, il y eut également des critiques sur le plan scientifique. Au centre de celles-ci se trouvait sa thèse selon laquelle la moitié des Juifs n'avaient trouvé la mort que grâce à la collaboration des Conseils juifs :

Selon les calculs de Freudiger, environ 50 % auraient pu être sauvés s'ils n'avaient pas suivi les instructions des Conseils juifs.[52]

Arendt se réfère par exemple aux déclarations du témoin Freudiger et aux données de l'institut néerlandais de documentation de guerre. Il est impossible, bien entendu, d'avancer des chiffres exacts. Car il est difficile, voire impossible, d'estimer après coup, de manière hypothétique, combien de personnes auraient réellement pu être sauvées dans toute l'Europe sans la coopération des Conseils juifs. Les historiens estiment cependant aujourd'hui qu'Arendt a probablement surestimé les chiffres liés à cette possibilité.

En ce qui concerne le deuxième reproche, selon lequel Arendt, par sa critique du comportement peu courageux des Conseils juifs, aurait fait « des victimes les coupables », Arendt elle-même entreprit de se justifier. Elle déclara que son intention n'avait jamais été de mettre sur le même plan la coopération nonchalante d'Eichmann et celle, tragique, des Conseils juifs. Les Conseils juifs avaient clairement été instrumentalisés par les nazis et forcés de collaborer, contrairement à Eichmann. C'est pourquoi il fallait les voir, malgré leur coopération, avant tout comme des victimes et non comme des coupables. De plus, vers la fin de la guerre, de nombreux Conseils juifs avaient eux-mêmes été déportés dans des camps, parfois même des camps d'extermination.

Arendt maintint cependant que l'exécution de l'holocauste dans toute son ampleur aurait pu, si les Conseils juifs avaient agi avec courage, être ralentie ou même sabotée. Il ne fallait pas, selon elle, refouler cet état de fait :

> […] je crois vraiment que nous ne surmonterons ce passé que si nous entreprenons de le juger en toute loyauté.[53]

Et pour Arendt, porter un jugement sur l'histoire et les faits accomplis ne pouvait se faire sans reconnaître la « banalité du mal »,

> [...] un phénomène qui sautait aux yeux lors du procès. Eichmann n'était ni un Iago, ni un Macbeth [...]. Mis à part un zèle extraordinaire à s'occuper de son avancement personnel, il n'avait aucun mobile.[54]

Sur ce point également, il y eut des critiques. Arendt aurait ignoré qu'Eichmann était en réalité plus qu'un simple rouage dans l'engrenage et un fonctionnaire zélé qui suivait sans réfléchir les ordres venus d'en haut. Il est très probable qu'il était lui-même antisémite et donc criminel par conviction. S'il a déclaré devant le tribunal n'avoir rien contre les Juifs, ce n'était que pour échapper à la peine de mort. Les recherches récentes ont montré qu'Eichmann, avant d'être capturé en Argentine, s'était encore fait connaître pour son antisémitisme. De plus, d'autres enregistrements, dont Arendt n'avait pas pris connaissance au moment du procès, le laissent également supposer.[55]

D'un autre côté, vers la fin de la guerre, Eichmann avait détourné un transport et sauvé 25 000 Juifs de l'extermination, et il avait également permis plusieurs fois à des Juifs de fuir individuellement vers la Palestine.

Mais même si Eichmann avait, ce qui est parfaitement possible, des convictions antisémites et était donc plus qu'un fonctionnaire zélé, cela n'en infirme pas pour autant la thèse d'Arendt sur la « banalité du mal ». Eichmann n'est peut-être pas l'exemple le plus parfait, mais il incarne bien l'image du receveur d'ordres modèle, qui dans le privé était un père de famille tout à fait normal et s'avéra au final être l'un des plus grands meurtriers de l'histoire.

Arendt nous explique comment concilier ce qui semble inconciliable, en démasquant une forme historiquement nouvelle du mal : le bureaucrate qui se conforme au système, et dont l'accomplissement irréfléchi du devoir mène à l'extermination de millions de personnes. La « banalité du mal » n'est pas, en fin de compte, une minimisation de l'holocauste, mais bien la tentative de rendre justice aux faits. L'holocauste, en tant que conséquence des actes d'Eichmann, est sans aucun doute monstrueux au-delà de toute imagination, mais les motifs sur lesquels ces actes reposent sont d'une banalité effrayante, et c'est tout ce qui préoccupe Arendt. Toutes les tentatives du procureur de faire passer Eichmann pour un pervers sadique, pour le mettre sur le même plan que Hitler, Staline ou Gengis Khan, échouèrent tout autant que sa diabolisation.

Il est absolument nécessaire, nous dit Arendt, de se débarrasser de la légende selon laquelle Eichmann serait tombé sur Terre depuis le ciel, tel Lucifer, pour y accomplir son œuvre satanique :

> Or, [...] la démonisation (*Dämonisierung*) sert à se forger un alibi. On succombe ainsi au démon incarné dans la personne en chair et en os et en conséquence on est soi-même déchargé de toute culpabilité.[56]

Si la diabolisation d'Eichmann permet de rejeter momentanément la faute sur le Diable, elle ne nous fait pas avancer plus que cela. Car s'il s'agissait du diable en personne, radicalement mauvais par nature, alors tout ce que l'on peut faire pour l'avenir, c'est espérer que plus jamais un démon ne descendra du ciel ou ne remontera de l'enfer pour attaquer de nouveau l'humanité. En agissant de la sorte, nous n'aurions, selon Arendt, rien compris du tout aux actes d'Eichmann et il serait impossible d'en tirer la moindre leçon.

Et même si nous considérions Eichmann comme un pervers sadique ou un malade mental, cela ne nous avancerait pas beaucoup non plus. Car dans ce cas également, il ne nous resterait plus qu'à espérer que personne ne tomberait de nouveau malade de la sorte dans un avenir proche.

Mais Eichmann, nous dit Arendt, n'était ni un psychopathe ni un démon surnaturel. Il était un mari normal, père de quatre enfants, d'une éducation chrétienne et d'un niveau d'instruction moyen. Il n'avait aucun antécédent judiciaire et n'aurait probablement jamais eu aucun conflit avec la justice s'il ne s'était pas trouvé à cette époque, dans cette administration, et n'avait pas appliqué avec zèle les instructions qu'il recevait :

Dans sa vie monotone, vide de sens et dépourvue d'importance, le vent

avait soufflé pour le projeter dans ce qu'il croyait être l'Histoire.[57]

Afin de faire avancer sa carrière, il avait exécuté les ordres et mis ses compétences planificatrices au service du régime.

Et un tel zèle en soi n'était nullement criminel [...]. *Simplement, il ne s'est jamais rendu compte de ce qu'il faisait.*[58]

Il s'agit de s'avouer cette réalité, de prendre conscience de la « normalité » et de la « médiocrité » du criminel Eichmann, et l'étape suivante consiste à se demander comment cela a pu être possible qu'un homme aussi moyen ait pu devenir l'un des organisateurs du plus grand génocide de l'histoire. Ce n'est que si nous analysons cela en profondeur que nous pouvons en tirer une leçon. C'est bien pour cette raison que le livre d'Arendt *Eichmann à Jérusalem : Rapport sur la banalité du mal* n'était pas seulement, en réalité, le compte rendu d'un procès, mais bien la tentative de comprendre ce qui s'était vraiment passé en Allemagne entre 1933 et 1945, dans un pays où elle était née et avait grandi, un pays qu'elle connaissait comme le pays des poètes et des philosophes.

Ce n'est qu'une fois que l'on parvient à s'avouer, comme Arendt, que la terreur nazie n'était ni une erreur passagère de l'histoire, ni l'enfantement métaphysique du mal incarné, mais la fuite de gens parfaitement normaux face à leurs propres responsabilités, la soumission aux chaînes de commandement et le refus de faire appel à sa propre raison, que l'on peut s'approcher de la vérité et peut-être trouver les réponses aux trois questions essentielles qui reviennent sans cesse :

Premièrement : pourquoi le corps des officiers prussiens, si fier, a-t-il servi Hitler avec autant de fidélité et de dévouement et attendu juillet 1944, quand tout commençait réellement à s'effondrer, pour entreprendre quoi que ce soit contre le soldat de première classe, qu'ils considéraient comme incapable sur le plan militaire, et son idéologie raciste ?

Deuxièmement : pourquoi des milliers d'Allemands, fonctionnaires administratifs, juges et policiers, n'ont-ils rien osé faire contre la propagation de la terreur, soutenant de façon passive ou même active le régime nazi ?

Et troisièmement : pourquoi, malgré des actes individuels courageux comme ceux, par exemple, du groupe de résistants de la « Rose blanche » ou de l'ouvrier Georg Elser, y a-t-il eu, sur une population totale de plus de 90 millions d'habitants, aussi peu de résistance au sein de la population civile ?

Les réponses à ces trois questions sont d'une importance directe pour notre démocratie actuelle. Car elles mènent à la question essentielle : sommes-nous aujourd'hui davantage déterminés, avons-nous le courage de juger par nous-mêmes, d'honorer la dignité humaine et d'oser certaines formes de désobéissance ?

À quoi nous sert la découverte Arendt aujourd'hui ?

Arendt a-t-elle raison : La « banalité du mal » menace-t-elle encore aujourd'hui notre démocratie ?

La découverte majeure qu'a faite Arendt est que le bouleversement décisif du 20e siècle ne fut pas le national-socialisme de Hitler ni le communisme de Staline, mais l'arrivée de la société de masse. La population de l'Europe a connu une croissance démographique importante depuis le milieu du 18e siècle. De plus en plus, les millions de personnes vivant dans les villes se sont vues administrées et gouvernées par des bureaucraties d'un genre nouveau et d'une grande efficacité. Des ministères à l'organisation hiérarchique précise contraignent désormais les citoyens à s'adapter à un système de règles figées. C'est le début d'une nouvelle époque, du

À quoi nous sert la découverte d'Arendt aujourd'hui ?

> [...] règne de Personne qui est la vérité de la forme politique connue sous le nom de bureaucratie.[59]

Dans la version originale, Arendt écrit volontairement le mot « bureau-cratie », avec un trait d'union, pour insister sur le mot grec « kratos », qui signifie « pouvoir » ou encore « règne ». Car quand le bureau règne sur tout, l'individu perd sa liberté d'action individuelle et se voit privé de sa responsabilité. C'est également ainsi que grandit le risque que des individus parfaitement normaux soient habitués à obéir dès leur plus jeune âge et deviennent des opportunistes, formant les engrenages de l'appareil hiérarchique :

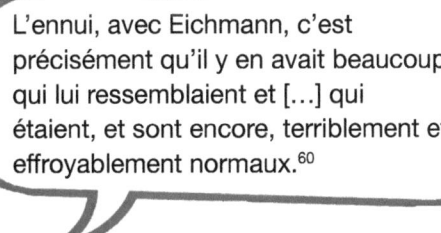

> L'ennui, avec Eichmann, c'est précisément qu'il y en avait beaucoup qui lui ressemblaient et [...] qui étaient, et sont encore, terriblement et effroyablement normaux.[60]

Y a-t-il aujourd'hui encore un « Eichmann dans chacun d'entre nous » ? Arendt a tout d'abord répondu à cette question par la négative :

> Je n'ai absolument pas voulu dire : il y a un Eichmann en chacun de nous, chacun de nous porte en lui un Eichmann ou le diable sait quoi.[61]

Car il n'y a pas, nous dit Arendt, un criminel administratif potentiel au sein de chaque individu. Elle refuse également l'idée d'une faute collective imputable à tous les Allemands. Il faut, nous dit-elle, juger chaque homme à l'aune des circonstances respectives de ses actes et non juger en bloc tous les Allemands.

Cependant, le fait que des milliers de citoyens, de fonctionnaires et d'employés bureaucrates aient soutenu le régime nazi jusqu'à la fin, à tant de niveaux différents et avec une telle facilité, laisse perplexe. Ce faisant, ils ont renoncé complètement à penser par eux-mêmes et, par là, ont renoncé à leur propre humanité. Ils ont clamé leur innocence après la guerre, précise Arendt, en arguant qu'ils n'avaient pas pris eux-mêmes la moindre décision :

À quoi nous sert la découverte d'Arendt aujourd'hui ?

> Ils ne cessaient de protester qu'ils n'avaient rien fait de leur propre initiative, qu'ils n'avaient aucune intention, bonne ou mauvaise, et qu'ils obéissaient seulement aux ordres.[62]

Mais c'est précisément dans cette mentalité de l'homme de masse moderne, dans cette inclination à se soumettre au règne de la bureaucratie, et donc au « règne de Personne », que réside la « banalité du mal ». Et c'est précisément ce qui rend l'idée fondamentale d'Arendt si terriblement actuelle. Les Allemands, déclare-t-elle, n'étaient ni ne sont plus immoraux ou plus cruels que les autres peuples, mais ils ont une propension très malsaine, la propension à l'obéissance inconditionnelle :

> Je ne pense pas que le peuple allemand soit particulièrement brutal. [...] [Ce] qui me paraît typiquement allemand, c'est cette idéalisation pour ainsi dire folle de l'obéissance.[63]

Sur la boucle de ceinturon de chaque SS, on pouvait lire par exemple la phrase : « Mon honneur s'appelle fidélité ». L'exécution fidèle des ordres était donc vantée comme la plus grande des vertus, portée à la ceinture de manière ostentatoire. De plus, chaque soldat et officier allemand de la Wehrmacht devait, à partir du mois d'août 1934, prêter le serment suivant : « Je jure devant Dieu obéissance inconditionnelle à Adolf Hitler, Guide du Reich et du peuple allemands, commandant en chef des Forces armées, et je jure que je serai toujours prêt, en soldat courageux, à donner ma vie pour respecter ce serment. »

Sur l'échelle de valeurs des nazis, l'obéissance absolue envers les supérieurs était considérée comme le devoir suprême. Et la plupart s'y sentaient liés. Même le corps des officiers prussiens, connus pour leur fierté, est resté presque jusqu'à la fin fidèle à Hitler, alors qu'ils le considéraient depuis le début comme un soldat de première classe incompétent dans le domaine militaire et méprisaient ses ordres désastreux et inefficaces.

L'opération Walkyrie, ainsi que d'autres actions de désobéissance de la part des officiers des différents corps de l'armée, comme par exemple le refus de détruire totalement l'ensemble de l'infrastructure allemande, n'eurent lieu qu'une fois que la défaite militaire avait commencé à se dessiner de façon indiscutable.

Or cette obéissance de principe, qui, quel que soit le contenu de l'ordre à exécuter, est provoquée par un sentiment du devoir mal compris, ce fonctionnement sur commande a des conséquences funestes sur la vie militaire, politique et publique :

> […] un fonctionnaire, lorsqu'il n'est rien d'autre qu'un fonctionnaire, est vraiment un homme très dangereux.[64]

L'obéissance en tant que fin en soi, nous dit Arendt, contredit fondamentalement l'essence de l'être humain et sa liberté. L'obéissance aveugle est, aussi bien en dictature qu'en démocratie, extrêmement dangereuse :

> Un adulte consent là où un enfant obéit […].[65]

Normalement, l'obéissance inconditionnelle n'a sa place que pendant l'enfance, seule phase de la vie où elle est justifiée. L'enfant doit, par exemple, obéir aveuglément lorsque la mère lui crie de ne pas traverser la rue quand le feu est rouge, ou bien dans d'autres situations où la survie de l'enfant dépend de son obéissance. Mais pour l'adulte, l'obéissance est une disposition qu'il doit surmonter et remplacer par sa responsabilité individuelle :

> Nous obéissons en ce sens aussi longtemps que nous sommes enfants, c'est nécessaire. Mais cela doit prendre fin au plus tard aux alentours de quatorze-quinze ans.[66]

Au plus tard lors de la puberté, nous dit Arendt, chaque individu grandissant doit prendre conscience de sa propre puissance créatrice et de sa responsabilité. Il ne suffit plus, dès lors, de suivre les consignes. Le légalisme pur, c'est-à-dire le fait de se contenter d'obéir aux lois et de suivre les règles, n'est pas, à lui seul, synonyme de légitimité et de justice. Chacun doit répondre de lui-même à la question :

À quoi nous sert la découverte d'Arendt aujourd'hui ?

« Ce que je fais est-il bien ou mal, juste ou injuste ? » C'est pourquoi, selon Arendt, ni les soldats, ni les fonctionnaires ne peuvent invoquer le serment de fidélité lorsqu'ils portent ou ont porté atteinte aux droits de l'homme :

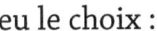

[…] le fait de se réclamer du « serment » et le fait d'être déchargé de toute responsabilité […] – il s'agit là d'une bêtise révoltante.[67]

De même, Arendt n'accepte pas la justification de millions d'Allemands prétendant ne pas avoir su ce qui se passait ou bien, lorsqu'ils savaient ce qui se passait et qu'ils ne l'approuvaient pas, ne pas avoir eu le choix :

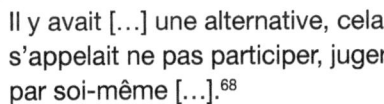

Il y avait […] une alternative, cela s'appelait ne pas participer, juger par soi-même […].[68]

79

Et il n'était pas forcément nécessaire de risquer sa vie pour cela. Même le « non-agir » peut être une forme de résistance politique :

> Dans ces termes, les non-participants à la vie publique sous une dictature sont ceux qui ont refusé d'accorder leur soutien [...]. Il est facile d'imaginer ce qui serait arrivé à n'importe laquelle de ces formes de gouvernement si assez de gens avaient [...] refusé d'accorder leur soutien [...].[69]

Il y avait pour résister, nous dit Arendt, toute une palette de conduites allant du non-soutien à la résistance active, en passant par les manœuvres dilatoires, le fait de se faire passer pour malade, la dissimulation ou encore le sabotage clandestin. On pouvait à tout moment tenter d'être le grain de sable dans l'engrenage, de ne pas coopérer, de gagner du temps, de ne pas trahir quelqu'un, d'aider clandestinement une personne persécutée ou de lui montrer où elle pourrait trouver de l'aide. Les Danois, par exemple, malgré une grande pression exercée par le régime nazi, ont bloqué et refusé à tous les niveaux la déportation de leurs citoyens juifs. Ce qui compte, c'est avant tout la détermination à faire confiance à son propre jugement :

> Cela suppose [...] de juger par soi-même : « Je vous en prie... Je ne participe pas à cela. Je ne mets pas ma vie en jeu, je tente d'échapper, je cherche comment atteindre l'autre bord. [...] Mais je ne participe pas. »[70]

Et dans les cas les plus extrêmes, selon Arendt, on pouvait toujours dire la chose suivante :

> « Et à supposer que je sois contraint de participer, je me suiciderai. » Cette possibilité existait.[71]

Certes, on ne peut exiger de chacun qu'il risque sa vie ou qu'il la sacrifie en résistant ou en combattant à visage découvert. Mais la plupart des gens, selon Arendt, ne se sont même pas posé la question de savoir de quelle manière ils pouvaient résister. Un grand nombre de fonctionnaires de la Reichsbahn, par exemple, dont les trains étaient affectés à la déportation, ont respecté scrupuleusement leurs horaires de service. On ne recense en effet pas un seul cas de procédure disciplinaire pour refus de faire circuler les trains. Les conducteurs de locomotive ne se sentaient pas réquisitionnés en tant que « personnes », mais seulement dans leur fonction de conducteurs de locomotive :

> [...] le pire mal perpétré est celui qui est commis par personne, c'est-à-dire par des êtres humains qui refusent d'être des personnes.[72]

Arendt nous met résolument en garde : le refus d'être une personne et, par là, le refus d'assumer ses responsabilités, est aujourd'hui encore une caractéristique dangereuse de la société de masse.

Mais l'on pourrait objecter à Arendt ceci : n'avons-nous rien appris des différentes expériences du totalitarisme ? La génération de nos grands-parents n'avait-elle pas été élevée de façon bien plus autoritaire et n'était-elle donc pas plus encline à obéir aveuglément ? Toute autorité n'est-elle pas, depuis, considérée avec le plus grand scepticisme et la plus grande méfiance ? On pourrait penser que la société d'après-guerre, précisément, est bien trop éclairée pour suivre ou exécuter de nouveau des ordres qui porteraient atteinte à la dignité humaine. C'est précisément sur ce point que l'expérience de Milgram vient nous détromper.

L'expérience de Milgram : À quelle vitesse abandonne-t-on ses principes moraux ?

Le « règne de Personne » et notre tendance à suivre les consignes et à obéir aux ordres sans réfléchir existent bel et bien encore aujourd'hui. Dès que l'État, une institution administrative ou scientifique émet des injonctions, celles-ci sont souvent suivies sans réfléchir ni résister, et ce même si elles vont à l'encontre de notre perception de la morale.

La tristement célèbre « expérience de Milgram »

fournit pour cela un exemple très parlant. En 1961, le psychologue américain Stanley Milgram mit à l'épreuve la disposition de personnes lambda à suivre jusqu'au bout les injonctions d'une instance d'autorité, même si celles-ci étaient en contradiction avec leur propre conscience.

Il recruta quarante personnes et leur expliqua qu'elles allaient jouer le rôle du professeur dans le cadre d'une expérience sur l'apprentissage, durant laquelle elles devraient punir un élève en lui délivrant un choc électrique lorsqu'il commettait une erreur. L'élève avait pour devoir de mémoriser des listes de mots. L'expérience, expliqua-t-on aux participants, visait uniquement à évaluer scientifiquement si l'application de chocs électriques gradués améliorait la vitesse d'apprentissage de l'élève. Pour cela, on avait relié l'élève à une chaise électrique, afin de lui administrer un léger choc lorsqu'il commettait une erreur, et des chocs plus forts lorsqu'il commettait plusieurs fois la même erreur, dans le but de l'encourager à améliorer ses performances.

En réalité, Milgram voulait observer jusqu'où iraient les personnes testées en termes d'infliction de punitions. Le résultat fut effrayant, aussi bien pour lui que pour le monde de la recherche et pour l'opinion publique mondiale.

Sur quarante participants lors de la première expérience, vingt-quatre, c'est-à-dire la majorité, se sont révélés capables de délivrer des électrochocs de plus en plus forts, tourmentant l'élève tout au long du programme et allant jusqu'à atteindre des doses potentiellement mortelles, augmentant à chaque erreur les décharges de 15 V, tandis que l'élève se plaignait et poussait dès 150 V des cris de douleur. Certes, les décharges n'étaient pas réelles et l'élève n'était en réalité qu'un acteur, mais il avait pour consigne de réagir exactement aux décharges supposées, afin que les personnes testées soient convaincues qu'elles étaient réelles.

Lorsque, entendant les douleurs affreuses qu'elles infligeaient à l'élève à coups de décharges électriques, les personnes testées demandaient, embarrassées : « Est-ce vraiment nécessaire ? », l'expérimentateur scientifique leur adressait la réponse standardisée : « Veuillez continuer, s'il vous plaît », ou bien « L'expérience exige que vous continuiez ».

Lorsque la tension, de palier en palier, atteignait 150 V, l'élève ne se contentait plus de crier mais suppliait qu'on arrête de le torturer et qu'on le libère aussitôt de sa chaise électrique. Si les sujets, de plus en plus embarrassés, souhaitaient interrompre l'expérience, l'expérimentateur donnait chaque fois la consigne suivante : « Il est absolument indispensable que vous continuiez ! Que cela plaise ou non à l'élève, vous devez continuer jusqu'à ce qu'il ait retenu tous les mots. Alors continuez, s'il vous plaît », ou bien « Vous n'avez pas le choix, vous devez continuer ».

Ce qui est incroyable avec l'expérience de Milgram, c'est que ces déclarations de la part du scientifique en blouse blanche suffisaient effectivement pour que la majorité des sujets infligent à l'élève captif des décharges encore plus puissantes, même contre sa volonté. À partir de 200 V, l'élève commençait à pousser des cris « à glacer le sang ». À partir de 300 V, il refusait catégoriquement de continuer, déclarant qu'il n'en pouvait plus. Au-delà de 330 V, il n'y avait soudain plus de réaction du tout de la part de l'élève. Un silence total régnait, de sorte qu'il fallait supposer qu'il avait soit perdu connaissance à cause des chocs, soit qu'il était décédé. Si, à cet instant, les sujets avaient mauvaise conscience et déclaraient, effrayés : « On n'entend plus rien, il y a quelque chose qui ne va pas », et demandaient s'ils en seraient tenus responsables, l'expérimentateur répondait par la phrase standardisée suivante : « J'endosse la responsabilité de tout ce qui se passe ici ».

Et en effet, à la suite de cela, les sujets délivraient de nouveau des décharges plus puissantes, sans savoir quelles blessures ils infligeaient à l'élève déjà inconscient. Les résultats de l'expérience sont à peine croyables. À 300 V, seuls cinq sujets sur quarante avaient interrompu l'expérience. Par la suite il n'y eut que quelques abandons isolés. Au total, 26 personnes, soit un pourcentage effrayant de 65 pour cent, restèrent jusqu'à la fin et délivrèrent même à l'élève plusieurs décharges de 450 V.

Volt	Jusqu'à 300	300	315	330	345	360	375	390 - 435	450
Nombre d'abandons	0	5	4	2	1	1	1	0	26

L'autorité supposée du scientifique en blouse blanche avait donc suffi pour que la majorité des sujets, malgré leur mauvaise conscience, poursuive le supplice jusqu'à 450 V, bien que l'élève pousse dès 150 V des cris affreux, exigeant qu'on le libère, et qu'il ait manifestement perdu connaissance au-delà de 300 V. L'expérience fit beaucoup de bruit et fut répétée et confirmée lors d'essais de contrôle, tout d'abord par Milgram lui-même, ensuite par un grand nombre d'autres chercheurs, sous plus de vingt formes différentes. Dans un nouveau dispositif expérimental, on fit en sorte que le sujet vive de plus près les décharges électriques supposées qu'il administrait en lui faisant poser lui-même, protégé par un gant, la main de l'élève effrayé sur les capteurs électriques. Dans ce cas, le taux d'abandon fut certes plus élevé, mais 30 pour cent des sujets poussèrent tout de même les punitions jusqu'au bout.

Quant aux sujets féminins, elles administrèrent les décharges avec exactement la même rigueur et la même fréquence que leurs homologues masculins, de sorte que l'on n'a pu établir de différences sexuées en termes d'obéissance inconditionnelle.

La conclusion principale de l'expérience fut, selon Milgram, que des personnes tout à fait normales pouvaient, même si elles ne ressentaient aucun sentiment d'hostilité personnelle, être incitées, simplement sur les injonctions d'un scientifique, à prendre part à un processus d'extermination.

En regard de la découverte d'Arendt de la « banalité du mal », l'expérience de Milgram nous montre deux choses. D'une part, il devient évident que l'homme moderne aussi a tendance à reconnaître l'autorité et à lui obéir aveuglément. D'autre part, que des personnes qui infligent à d'autres des blessures mortelles ne s'en sentent pas personnellement responsables si elles le font en suivant les ordres d'autrui. Enfin, les sujets ont déclaré après coup n'avoir torturé l'élève que sur l'ordre de l'expérimentateur, faisant confiance à son jugement, et qu'ils ne l'auraient jamais fait d'eux-mêmes.

Le danger d'une telle scission entre un comportement autonome et un comportement sous influence en matière de jugement et d'action apparaît clairement à travers la déclaration incroyable d'Arthur Greiser, ancien Gauleiter nazi du Reichsgau Wartheland, devant un tribunal de guerre polonais. Il avait toujours essayé, dit-il, de séparer le service de la vie privée :

> [...] seule son « âme officielle » avait commis les crimes [...], son « âme privée » les avait toujours réprouvés.[73]

Mais le problème, nous dit Arendt, est précisément cette propension qu'ont beaucoup d'individus à séparer leur propre pensée, et leur âme, de leurs actes publics, et à faire une différence entre ce qu'ils considèrent comme juste et ce qu'ils posent comme actes :

> D'un point de vue moral et même politique, cette indifférence, bien qu'assez commune, est le plus grand danger. En liaison [...], il y a un autre phénomène moderne très courant : la tendance généralisée à refuser complètement de juger. [...] Là est l'horreur et, en même temps, la banalité du mal.[74]

L'expérience de Milgram confirme donc l'aspect terriblement actuel de la thèse d'Arendt sur la « banalité du mal ». Des actes odieux sur le plan moral peuvent effectivement être provoqués, purement et simplement, par l'obéissance. Mais que cela signifie-t-il pour nous ? Quelles conclusions pouvons-nous, et devons-nous en tirer pour une démocratie moderne ? Comment éviter le piège de l'obéissance ?

Les limites du légalisme et le devoir de résistance

Si, pour la plupart des gens, l'obéissance et le fait de suivre les consignes d'autorités extérieures sont si profondément intériorisés que, même pris de remords, ils ne se rebellent pas, peut-être le devoir de résistance devrait-il être enseigné aux enfants dès le plus jeune âge :

> On gagnerait beaucoup à pouvoir éliminer du vocabulaire de notre pensée morale et politique ce pernicieux mot d'« obéissance ».[75]

Peut-être avons-nous besoin d'une pédagogie radicalement nouvelle et devrions-nous nous garder, par exemple, de féliciter un enfant « sage » lorsqu'il suit les consignes que l'on lui donne. Grâce à la psychologie du développement et à la psychanalyse, nous savons depuis longtemps qu'une éducation fortement autoritaire dans l'enfance a souvent pour conséquence un tempérament soumis à l'âge adulte.

Peut-être avons-nous besoin, de manière générale, d'une culture radicalement nouvelle de la résistance ? Aurions-nous raté l'opportunité, après les expériences du totalitarisme, d'introduire le « courage civique » en tant que matière scolaire ? Ne faudrait-il pas rafraîchir sans cesse la mémoire aux citoyens de toutes les générations et leur enseigner qu'ils ne doivent, en principe, faire aveuglément confiance à aucun État, à aucun gouvernement, ni même à leur propre administration ? Comment l'État pourrait-il enseigner à ses citoyens la compétence, si importante, de la désobéissance et du refus d'obtempérer ?

De telles questions paraissent, au premier abord, déconnectées du monde réel. Car, bien entendu, il est dans l'intérêt de l'État d'éduquer ses jeunes citoyens, dans les écoles et les universités, à remplir leur devoir et à respecter toutes les lois. Et, bien entendu, cela paraît absurde qu'un État encourage régulièrement ses citoyens à faire preuve de désobéissance civile. Et pourtant, une telle expérience de pensée, dans laquelle la résistance est élevée au rang d'objectif d'apprentissage, s'avère nécessaire. On devrait, en effet, encourager nos élèves, dès le début de leur scolarité, à faire preuve de sens critique, à suivre leur jugement personnel et à agir par eux-mêmes.

L'histoire des résistants du groupe de la « Rose

blanche » fait bien trop rarement partie de l'enseignement obligatoire dans les écoles. Il serait opportun d'emmener nos élèves le plus tôt possible en excursion dans les lieux qui ont été le théâtre de la résistance, et de leur faire découvrir de près les personnes qui ont mis leur vie au service du droit à penser et à agir par soi-même.

La « banalité du mal », le piège de l'obéissance et l'importance de juger par soi-même doivent enfin prendre la place qui leur revient non seulement dans les cours d'éthique et de philosophie, mais également dans ceux d'histoire et de littérature. On peut, pour cela, se baser sur ce qu'Arendt a essayé de s'appliquer à elle-même :

Penser sans garde-fou.[76]

Qu'est-ce que cela signifie réellement ? Comment pouvons-nous faire la différence entre le bien et le mal indépendamment des contraintes et des garde-fous idéologiques ? Comment exercer son propre jugement ?

C'est à ces questions importantes qu'Arendt a dédié sa dernière œuvre majeure, qui ne fut publiée que de manière fragmentaire et à titre posthume : *La vie de l'esprit*. Elle devait contenir trois volumes : *La pensée, Le vouloir, Le jugement*. Le troisième et peut-être le plus important des tomes, *Le jugement*, ne put être réalisé par Arendt, car elle mourut en 1974 d'un infarctus. Elle avait cependant eu le temps de noter la devise qu'elle avait prévu de mettre en exergue de son discours :

Victrix causa diis placuit sed victa Catoni. – La cause victorieuse plaît aux dieux, la cause vaincue à Caton.[77]

Ce qu'Arendt voulait dire par là, c'est que, tout comme le célèbre sénateur et tribun romain Caton, nous ne devrions pas faire confiance aux dieux mais à notre propre jugement, et ce même lorsque celui-ci diffère de celui des dieux. Ce furent les dernières lignes qu'Arendt écrivit de sa vie.

La question de savoir comment l'homme peut exercer son propre jugement indépendamment des dieux, de la religion et des idéologies occupait déjà Arendt depuis son livre sur le totalitarisme. Dans son œuvre tardive, elle renvoie au « dialogue intérieur et silencieux » de Platon, qui est un fondement essentiel du jugement. En effet, lorsque nous nous demandons si quelque chose est bien ou mal et rendons un jugement moral, nous devons vérifier que nous sommes nous-mêmes en phase avec notre jugement. Pour cela, l'harmonie intérieure est, selon Arendt, une bonne conseillère, comme l'indiquait déjà le philosophe grec Platon dans son dialogue Gorgias :

Mieux vaudrait [...] me trouver en désaccord ou en opposition avec tout le monde, que de l'être avec moi-même *tout seul* et de me contredire.[78]

Tout d'abord, je dois me soustraire à l'agitation incessante qui m'environne, organiser mes idées grâce au dialogue intérieur et émettre un jugement avec lequel je me sente pleinement en accord. Jusque-là, Arendt rejoint Platon et Socrate. Mais tandis que Platon décrit encore la pensée comme un « dialogue de l'âme avec elle-même » et donc comme un dialogue avec l'idée intemporelle du Bien, du Vrai et du Beau, Arendt parle de son côté d'un « dialogue de l'esprit avec lui-même ». Ce qui compte pour Arendt, c'est une pensée ancrée dans l'ici-bas et tournée vers la vie :

> Parler avec soi-même, c'est déjà, au fond, la pensée. Et à vrai dire une sorte de pensée [...] dont tout un chacun est capable.[79]

Dans un deuxième temps, le résultat de la pensée, c'est-à-dire le jugement obtenu, doit être échangé avec d'autres. C'est un besoin incontournable et ancré dans l'essence de l'homme que de communiquer et d'échanger ses jugements avec les autres par la parole, de manière constructive. En même temps, Arendt voit dans cette soif de communiquer et de se mettre d'accord avec les autres – ne serait-ce que dans une culture vivante de la dispute – une quête profonde de sens, elle-même ancrée dans la pensée.

La pensée est accessible à chaque individu, à chaque instant. Si l'on se trouve face à la question de savoir si une chose est compatible avec notre propre conscience ou pas, il nous faut faire confiance au pouvoir de la pensée :

> La manifestation du vent de la pensée n'est pas la connaissance ; c'est l'aptitude à dire ce qui est juste et ce qui est injuste, ce qui est beau et ce qui est laid. Et cela peut empêcher des catastrophes [...].[80]

L'héritage d'Arendt : Ne jamais confier à l'État seul le pouvoir de penser !

Le message central d'Arendt est étroitement lié à l'histoire de sa vie, gagnant par cela même son rayonnement particulier. En tant qu'Allemande issue d'une famille juive avec des parents laïcs, elle fit ses études secondaires dans un lycée de Königsberg, se passionna pour la philosophie d'Emmanuel Kant, tomba amoureuse de son professeur de philosophie Heidegger, et entretint toute sa vie une profonde amitié avec Karl Jaspers. En tant que journaliste, elle mit son engagement au service du *Frankfurter Zeitung*.

Elle vécut de très près la transformation progressive de son pays en une dictature, et dut ensuite fuir vers la France, puis vers les États-Unis. Cependant, pire encore que l'antisémitisme grandissant et la victoire des nazis en 1933, fut la manière dont les personnes qui lui étaient proches changèrent brusquement :

> Le problème, le problème personnel n'était donc pas tant ce que faisaient nos ennemis, que ce que faisaient nos amis.[81]

Elle raconte comment la plupart de ses amis se soumirent sans menace directe, c'est-à-dire avant même que Hitler ait pu déployer toute l'étendue de sa terreur, à une sorte de « mise au pas volontaire ». Par commodité, ou par manque de courage, ils se mirent à éviter de plus en plus tout contact avec des Juifs :

> [...] un vide s'était en quelque sorte formé autour de nous.[82]

À quoi nous sert la découverte d'Arendt aujourd'hui ?

Arendt vit même son amour passionnel de jeunesse, Martin Heidegger, entrer au NSDAP en 1933 et s'adapter, tout comme tant d'autres académiciens, à la nouvelle situation :

> Je pouvais constater que suivre le mouvement était pour ainsi dire la règle parmi les intellectuels [...].[83]

C'est en 1942, alors en exil aux États-Unis, qu'elle entendit pour la première fois parler des camps d'extermination :

> C'était vraiment comme si l'abîme s'ouvrait devant nous [...].[84]

Le plus grand génocide de l'histoire avait lieu dans son pays d'origine, sans que ni la société civile, ni les élites intellectuelles ou traditionnelles, ni les classes laborieuses ne s'y opposent. Arendt avait toutes les raisons de douter de la démocratie, de la science et de l'humanité. Mais elle fit le contraire. Au lieu de céder à la résignation ou à l'amertume après la guerre, elle y regarda de plus près – à l'endroit, précisément, où beaucoup détournaient le regard ou invoquaient des puissances démoniaques surnaturelles :

[…] ce que je veux, c'est comprendre.[85]

Elle parla de tout, sans ménagement – le génocide administratif, le prétexte de n'avoir fait que suivre les ordres, la résistance absente ou quasi absente de la Wehrmacht et de la population allemande, et le rôle des Conseils juifs. Elle fut violemment attaquée pour cela, de tous les côtés. Son propre beau-père refusa de lui parler pendant un certain temps et son ami l'historien Gershom Scholem, avec lequel elle était en exil en France, déclara qu'elle manquait d'« amour du peuple juif ». La réponse d'Arendt parle d'elle-même :

À quoi nous sert la découverte d'Arendt aujourd'hui ?

> [...] je n'ai jamais dans ma vie ni « aimé » aucun peuple, aucune collectivité [...]. J'aime « uniquement » mes amis [...]. En second lieu, cet « amour des Juifs » me paraîtrait, comme je suis juive moi-même, plutôt suspect. Je ne peux pas m'aimer moi-même [...].[86]

Arendt était sans aucun doute une personnalité très forte, une citoyenne du monde, une marginale militante et courageuse, prête à se disputer avec tout un chacun lorsqu'il était question de la vérité. Elle critiqua de la même façon, par exemple, le nouvel État d'Israël pour avoir expulsé 850 000 Arabes et pour le massacre de la population palestinienne dans le village de Deir Yassin ; l'Union soviétique pour la répression de l'insurrection de Budapest ; le gouvernement américain pour la guerre du Vietnam ; et le gouvernement allemand d'Adenauer pour ne pas avoir poursuivi, et avoir bien trop peu traîné en justice, les anciens fonctionnaires nazis. Partout où elle reconnaissait l'injustice, elle prenait la parole sans hésiter. En 1971, elle publia un essai sous le titre *Vérité et politique*, dans lequel elle mettait expressément en garde, suite à la publication des « Pentagon papers », contre les mensonges stratégiques en politique dans une démocratie :

> Puisque le menteur est libre d'accommoder ses « faits » au bénéfice et au plaisir, ou même aux simples espérances de son public, il y a fort à parier qu'il sera plus convaincant que le diseur de vérité.[87]

Il n'y a donc pas qu'en dictature, nous dit Arendt, mais également dans les États démocratiques, que l'on ment. Cela vaut encore, malheureusement, des décennies après la mise en garde d'Arendt. Même des motifs de déclaration de guerre, comme par exemple la possession supposée d'armes chimiques en Irak, se sont plus tard révélés être des mensonges.

Le message principal d'Arendt, pour lequel elle s'engagea toute sa vie durant, est précisément aujourd'hui d'une importance capitale : la démocratie et la dignité humaine ne vont pas de soi ; elles nécessitent une attention de tous les instants, et que l'on se mobilise pour elles. L'héritage le plus inconfortable que nous lègue Arendt est peut-être la question personnelle : à quel point suis-je moi-même prêt à faire preuve de courage civique ?

Où commence ma résistance ? Tous, nous réalisons chaque jour de nombreux efforts d'adaptation. Ne serait-ce qu'au travail, où il vaut mieux ne dire mot que dire un mot de trop. Il nous faut donc avoir conscience que chacun d'entre nous risque potentiellement de céder à la « banalité du mal ». Il y a dans toutes les sociétés de masse, comme l'a montré Arendt, une tendance sous-jacente à toujours s'adapter au grand tout, à ne plus faire clairement la différence entre ce qui est juste et ce qui est injuste, et à suivre sans réfléchir les injonctions étatiques :

> Sans ce type d'absence de réflexion intellectuelle d'un côté et ce type de respectable compromission [...] de l'autre, l'histoire toute entière ne serait pas arrivée.[88]

Sommes-nous aujourd'hui plus courageux et davantage prêts à nommer clairement ce qui est injuste et à nous y opposer, y compris lorsque nous craignons d'être punis pour cela ? C'est précisément cette question, et la reconnaissance de la pression d'adaptation exercée par la société de masse moderne, qui rend l'appel d'Arendt au courage civique si actuel et si pertinent :

[...] l'humanité vivante d'un homme décline dans la mesure où il renonce à la pensée.[89]

Un homme qui ne pense pas ressemble en fin de compte à un somnambule qui traverse la vie sans endosser ses responsabilités de citoyen. L'appel d'Arendt à nous tous, de penser, de juger et d'agir par nous-mêmes, même dans des conditions de répression, est plus qu'un encouragement à s'engager politiquement. C'est, dans un certain sens, la véritable naissance de notre humanité. Car, selon Arendt, ce n'est qu'à partir du moment où nous nous investissons dans le monde, en parlant et en agissant, que nous commençons à vivre :

C'est par le verbe et l'action que nous nous insérons dans le monde humain, et cette insertion est comme une seconde naissance dans laquelle nous confirmons et assumons le fait brut de notre apparition physique originelle.[90]

Index des citations

1. Arendt, Hannah, Vies politiques, trad. É. Adda, J. Bontemps, B. Cassin, D. Don, A. Kohn, P. Lévy et A. Oppenheimer-Faure, Gallimard, 1974, p. 19. Ci-après : Vies politiques.
2. Arendt, Hannah et Blücher, Heinrich, Correspondance Arendt-Blücher, trad. A.-S. Astrup, Calmann-Lévy, 1999, p. 189.
3. Arendt, Hannah, Les origines du totalitarisme, dans : Les origines du totalitarisme & Eichmann à Jérusalem, trad. M. Pouteau, M. Leiris, J.-L. Bourget, R. Davreu, P. Lévy, révisées par H. Frappat, édition établie sous la direction de P. Bouretz, Gallimard, 2002, p. 837. Ci-après : Les origines du totalitarisme.
4. Les origines du totalitarisme, p. 618.
5. Vies politiques, p. 19.
6. Arendt, Hannah, dans Elemente und Ursprünge totaler Herrschaft, Piper Verlag, München, 2017, p. 405. Citation traduite par le traducteur.
7. Arendt, Hannah, Condition de l'homme moderne, trad. G. Fradier, avant-propos de L. Adler, préface de P. Ricœur, Calmann-Lévy, 2020, p. 107. Ci-après : Condition de l'homme moderne.
8. Arendt, Hannah, Eichmann à Jérusalem, dans Les origines du totalitarisme & Eichmann à Jérusalem, trad. d'A. Guérin, revue par M.-I. Brudny-de Launay, révisée par M. Leibovici, édition établie sous la direction de P. Bouretz, Gallimard, 2002, p. 1284. Ci-après : Eichmann à Jérusalem.
9. Ibid., pp. 1295-1296.
10. Ibid., p. 1225.
11. Arendt, Hannah et Fest, Joachim, « Eichmann était d'une bêtise révoltante », Entretiens et lettres, trad. S. Courtine-Denamy, édité par U. Ludz et T. Wild, Fayard, 2013, p. 52. Ci-après : Entretiens et lettres.
12. Young-Bruehl, Elisabeth, Hannah Arendt : biographie, trad. J. Roman et É. Tassin, Calmann-Lévy, 1999, p. 595.
13. Les origines du totalitarisme, p. 813.
14. Ibid., p. 814.
15. Ibid., p. 624.
16. Arendt, Hannah, Idéologie et terreur, introduction et notes par P. Bouretz, trad. M. de Launay, Hermann Éditeurs, 2008, p. 120.

Ci-après : Idéologie et terreur.
17. Les origines du totalitarisme, p. 518.
18. Ibid., p. 820.
19. Ibid., pp. 828-829.
20. Ibid., p. 817.
21. Ibid., p. 830.
22. Arendt, Hannah, Du mensonge à la violence, Essais de philosophie contemporaine, trad. G. Durand, Calmann-Lévy, 1972, p. 156.
23. Les origines du totalitarisme, p. 661.
24. Ibid., p. 740.
25. Idéologie et terreur, p. 53.
26. Condition de l'homme moderne, p. 57.
27. Ibid., p. 59.
28. Ibid., p. 59.
29. Ibid., p. 60.
30. Ibid,. p. 305.
31. Ibid., p. 57.
32. Arendt, Hannah, La politique a-t-elle encore un sens ?, extrait de : Qu'est-ce que la politique ?, texte établi par U. Ludz, trad. S. Courtine-Denamy, Éditions de l'Herne, 2007, p. 13.
33. Eichmann à Jérusalem, p. 1070.
34. Ibid., p.1040.
35. Ibid., p.1225.
36. Entretiens et lettres, pp. 51-52.
37. Eichmann à Jérusalem, p. 1145.
38. Ibid., p. 1065.
39. Ibid., p. 1296.
40. Ibid., p. 1132.
41. Ibid., p. 1139.
42. Ibid., p. 1139.
43. Ibid., p. 1138.
44. Ibid., p. 1138.
45. Ibid., p. 1138.
46. Ibid., p. 1139.
47. Ibid., p. 1107.
48. Entretiens et lettres, p. 54.
49. Eichmann à Jérusalem, pp. 1286-1287.
50. Ibid., p. 1287.

51. Arendt, Hannah, Lettre à Karl Jaspers du 20 juillet 1963, Correspondances et dossier critique, dans : Les origines du totalitarisme & Eichmann à Jérusalem, édition établie sous la direction de P. Bouretz, Gallimard, 2002, p. 1351. Ci-après : Correspondances.
52. Eichmann à Jérusalem, p. 1139.
53. Arendt, Hannah, Lettre à Gershom Scholem du 24 juillet 1963, Correspondances, p. 1356.
54. Eichmann à Jérusalem, p. 1295.
55. Voir à ce sujet Stangneth, Bettina, Eichmann avant Jérusalem. La vie tranquille d'un génocidaire, trad. O. Mannoni, Calmann-Lévy, 2016. Les critiques d'Arendt renvoient entre autres au fait qu'Eichmann, dans une interview accordée en Argentine au journaliste hollandais Sassen, qui était lui-même un officier SS, a totalement assumé ses actes et s'est déclaré fier « d'avoir cinq millions de Juifs sur la conscience ». C'est pour cette raison que Franziska Augstein affirme qu'Arendt aurait écrit le livre sur Eichmann différemment si elle avait eu connaissance de l'interview avec Sassen. Markus Arnold, en revanche, indique qu'elle avait très certainement pris connaissance de l'interview dans la version anglaise imprimée dans le magazine Life, mais qu'elle avait tiré une autre conclusion des déclarations antisémites d'Eichmann : « Arendt a vu dans de telles phrases [...] la seule vanité d'Eichmann, usant de phrases chocs pour se faire bien voir auprès de l'antisémite Sassen, tout comme il avait tenté, face aux juges juifs, de se faire passer pour sioniste. » Citation traduite par le traducteur, dans : Markus Arnold, Erzählungen im Öffentlichen. Über die Wirkung narrativer Diskurse, publié par Markus Arnold, Gerd Dressel, Willy Viehöver, VS Verlag für Sozialwissenschaften, Wiesbaden, 2012, p. 30.
56. Entretiens et lettres, p. 48.
57. Eichmann à Jérusalem, p. 1050.
58. Ibid., p. 1295.
59. Ibid., p. 1297.
60. Ibid., p. 1284.
61. Entretiens et lettres, p. 50.
62. Arendt, Hannah, Questions de philosophie morale, dans : Responsabilité et jugement, édition établie et préfacée par Jerome Kohn, trad. J.-L. Fidel, Payot & Rivages, Petite Bibliothèque Payot, 2009, p. 161. Ci-après : Questions de philosophie morale.

63. Entretiens et lettres, pp. 52-53.
64. Ibid., p. 47.
65. Arendt, Hannah, Responsabilité personnelle et régime dictatorial, dans : Responsabilité et jugement, trad. J.-L. Fidel, Payot & Rivages, Petite Bibliothèque Payot, 2009, p. 89. Ci-après : Responsabilité personnelle et régime dictatorial.
66. Entretiens et lettres, p. 53.
67. Ibid., p. 54.
68. Ibid., p. 57.
69. Responsabilité personnelle et régime dictatorial, p. 90.
70. Entretiens et lettres, p. 57.
71. Ibid., p. 57.
72. Questions de philosophie morale, p. 161.
73. Eichmann à Jérusalem, p. 1141.
74. Questions de philosophie morale, p. 198.
75. Responsabilité personnelle et régime dictatorial, p. 91.
76. Young-Bruehl, Elisabeth, Hannah Arendt : biographie, trad. J. Roman et É. Tassin, Calmann-Lévy, 1999, p. 595.
77. Arendt, Hannah, Lettre à Karl Jaspers du 24 juillet 1954, dans : Heuer, Wolfgang, Hannah Arendt, Éditions Jacqueline Chambon, 2005, p. 135 (note 295).
78. Platon, Gorgias, trad. A. Croiset, Paris, 1972, 482c, p. 161, cité dans : Arendt, Hannah, La vie de l'esprit, 1. La pensée, trad. L. Lotringer, Presses Universitaires de France, 1981, p. 237.
79. Entretiens et lettres, p. 61.
80. Arendt, Hannah, Pensée et considérations morales, dans : Responsabilité et jugement, trad. J.-L. Fidel, Payot & Rivages, Petite Bibliothèque Payot, 2009, p. 246.
81. Arendt, Hannah, Seule demeure la langue maternelle, entretien télévisé avec Günter Graus du 29 octobre 1964, dans : La tradition cachée, le Juif comme paria, trad. S. Courtine-Denamy, Payot & Rivages, 2019, p. 205. 237
82. Ibid., p. 205.
83. Ibid., p. 205.
84. Ibid., p. 209.
85. Ibid., p. 207.
86. Arendt, Hannah, Lettre à Gershom Scholem du 24 juillet 1963, Correspondances, p. 1354.

87. Arendt, Hannah, La crise de la culture : huit exercices de pensée politique, trad. sous la direction de P. Lévy, Gallimard, 1972, p. 320.
88. Arendt, Hannah, Lettre à Sigmund Neumann du 15 août 1961, fonds de succession réuni à la Library of Congress, Washington D.C., dans : Heuer, Wolfgang, Hannah Arendt, Éditions Jacqueline Chambon, 2005, p. 88.
89. Vies politiques, p. 19.
90. Condition de l'homme moderne, p. 301.

Walther Ziegler
Adorno en 60 minutes

Walther Ziegler
Arendt en 60 minutes

Walther Ziegler
Buddha en 60 minutes

Walther Ziegler
Camus en 60 minutes

Walther Ziegler
Confucius en 60 minutes

Walther Ziegler
Descartes en 60 minutes

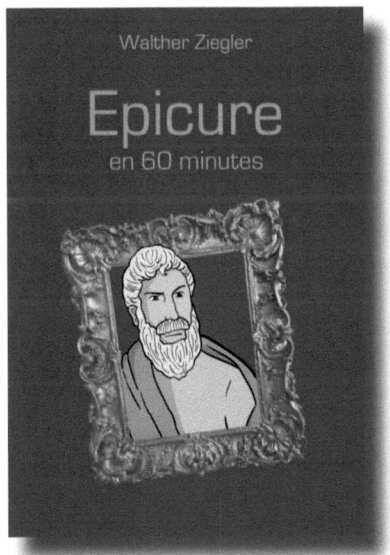

Walther Ziegler
Epicure en 60 minutes

Walther Ziegler
Foucault en 60 minutes

Walther Ziegler
Freud en 60 minutes

Walther Ziegler
Habermas en 60 minutes

Walther Ziegler
Hegel en 60 minutes

Walther Ziegler
Heidegger en 60 minutes

Walther Ziegler
Hobbes en 60 minutes

Walther Ziegler
Kafka en 60 minutes

Walther Ziegler
Kant en 60 minutes

Walther Ziegler
Marx en 60 minutes

Walther Ziegler
Nietzsche en 60 minutes

Walther Ziegler
Platon en 60 minutes

Walther Ziegler
Popper en 60 minutes

Walther Ziegler
Rawls en 60 minutes

Walther Ziegler
Rousseau en 60 minutes

Walther Ziegler
Sartre en 60 minutes

Walther Ziegler
Schopenhauer en 60 minutes

Walther Ziegler
Smith en 60 minutes

Walther Ziegler
Wittgenstein en 60 minutes

AUTEUR:

Walther Ziegler est professeur d'université et docteur en philosophie. En tant que correspondant à l'étranger, reporter et directeur de l'information de la chaîne de télévision allemande ProSieben, il a produit des films sur tous les continents. Ses reportages ont été récompensés par plusieurs prix. En 2007, il a pris la direction de la « Medienakademie » à Munich, une Université des Sciences Appliquées et y forme depuis des cinéastes et des journalistes. Il est l'auteur de nombreux ouvrages philosophiques, qui ont été publiés en plusieurs langues dans le monde entier. En sa qualité de journaliste de longue date, il parvient à résumer la pensée complexe des grands philosophes de manière passionnante et accessible à tous.